大科学実験ノート
discover science note

寺田 貢 / 原口 智・るみ 著
（ガリレオ工房）
NHKエデュケーショナル 監修

はじめに

学校で行っている実験や、本に載っている実験の大型化は、簡単にできるでしょうか？
実際に行ってみると、事前に小さなスケールでは成功しても、その「超」大型化は誰もが未経験のため、ほぼ毎回予想外の現象が発生します。そこで試行錯誤を繰り返し、ようやく成功にたどり着きます。なので、「答えは、やってみなくちゃわからない、大科学実験で」という言葉が、この番組の決めぜりふとなっています。例えば、球場を借り切って行った実験『時速100kmの振り子』では、振り子の最下部で時速100kmを目指したのですが、なかなかそのスピードが実現しませんでした。その理由は、なんと重りを吊るしていた針金の空気抵抗でした。何度も試し、失敗の原因

を調べることによって、なんとか実験を大成功に導きました。

　この番組は、僕が理事長をしているNPO法人ガリレオ工房が実験監修をしています。CGを使わず、リアルな実験だけを見せることが大きな特徴のこの番組ですが、その特徴だけではなく、僕らはこの番組の"思い"に共鳴して参加しました。その思いとは、ひとつは魅力的でスタイリッシュな映像によって、解説を聞かなくても誰にでも理解しやすいように番組をつくっている点です。もうひとつは、バカバカしいほど大がかりにすることで、理科が苦手な子どもたちにも、楽しく科学の本質を伝えようとしている点です。これまでの科学番組とは違うこういった工夫が、世界中の人たちに見てもらえるようになった理由だと思います。

　大掛かりな実験は見て楽しむにはよいのですが、自分でやることは難しいでしょう。そこで、この本では「小科学実験」も紹介しています。番組で行われた大実験の小型版の実験を、ぜひご家庭で、あるいは学校で挑戦してみてください。どんな簡単な実験にも失敗はつきものですが、この本の実験は必ずできるようになります。ぜひトライしてみて下さい。

NPO法人ガリレオ工房
理事長
滝川 洋二

Contents

はじめに ……………………………………………………………… 002

実験 01. 空飛ぶクジラ ……………………………………………… 006
　　　　―小科学実験「手の中でまわる風車」

実験 02. かなりしょっぱいウェディング ………………………… 012
　　　　―小科学実験「塩の結晶の『へき開』に挑戦！」

実験 03. 本は力持ち ………………………………………………… 018
　　　　―小科学実験「指ヘビをつくってみよう」

実験 04. 卵の上に立つラクダ ……………………………………… 024
　　　　―小科学実験「つまようじにプリンがのる！？」

実験 05. 水のナイフ ………………………………………………… 030
　　　　―小科学実験「シーツで卵をキャッチ！」

実験 06. 象の重さは？ ……………………………………………… 036
　　　　―小科学実験「『魚で釣り』に挑戦！」

実験 07. 水深10000m！？ ………………………………………… 042
　　　　―小科学実験「沈まない船を作ろう」

実験 08. コップは力持ち …………………………………………… 048
　　　　―小科学実験「外れないトランプ」

実験 09. 太陽で料理しよう ………………………………………… 054
　　　　―小科学実験「ソーラークッカーを作ってみよう」

実験 10. 氷でたき火 ………………………………………………… 060
　　　　―小科学実験「水玉レンズで拡大して見よう」

実験 11. 音の速さを見てみよう …………………………………… 066
　　　　―小科学実験「鳴龍ポイントを探そう」

実験 12. 声でコップが割れる？ …………………………………… 072
　　　　―小科学実験「声こぷたー」

実験13. 忍者になろう ……… 078
　—小科学実験「ジャンプするコイル」

実験14. 人力発電メリーゴーラウンド ……… 084
　—小科学実験「モーターを使って発電にチャレンジ！」

実験15. 静電気でお絵かき ……… 090
　—小科学実験「静電気で空気を清浄に！」

実験16. みんなここに集まってくる ……… 096
　—小科学実験「身近なパラボラ・放物線を探そう！」

実験17. ボールは戻ってくる？ ……… 102
　—小科学実験「ＣＤエアホッケー」

実験18. リンゴは動きたくない！？ ……… 108
　—小科学実験「ボールinカップ」

実験19. 救出！てこ大作戦 ……… 114
　—小科学実験「天秤を作って小さなものの重さを確かめてみよう」

実験20. さわらずに球を動かせ ……… 120
　—小科学実験「飛び出す10円玉」

実験21. 時速100kmの振り子 ……… 126
　—小科学実験「念力（？）振り子に挑戦！」

実験22. 高速で止まるボール！？ ……… 132
　—小科学実験「『相対速度バトンタッチ』に挑戦！」

実験23. 高速スピンの謎 ……… 138
　—小科学実験「回転いすで角運動量保存を体感しよう！」

実験24. 大追跡！巨大影の7時間 ……… 144
　—小科学実験「日時計を作ろう！」

実験25. 手作り電池カー ……… 150
　—小科学実験「スプーン電池」

おわりに ……… 156

実験01

空飛ぶクジラ

人類の夢への新たな挑戦

　「空を飛びたい。」それは、いつの時代も人々が抱きつづけてきた夢。ロウで固めた翼をはためかせたイカロスの神話に始まり、熱気球で空を飛んだモンゴルフィエ兄弟、飛行船を空に浮かべたジファール、飛行機の開発に情熱を注いだライト兄弟……と挑戦は続いてきた。そして21世紀、ジェットエンジンを搭載した巨大な旅客機が空を行き交うこの時代に、新たな挑戦が行われた。全長50 mのソーラーバルーンで空を飛べるか？　──答えは、やってみなくちゃわからない！

【仮説を立てる】
太陽の熱を効率よく吸収する黒い袋を使えば、中の空気が温められて浮かぶ。

温かい空気の方が冷たい空気よりも体積が大きくなる。太陽の熱を効率よく集められれば、十分な浮力が得られるのでは？

【予備実験】
空気を入れた黒い袋をひなたにおくと、太陽の熱で温められて袋がふくらんだ。

温められた空気は膨張するので、袋がふくらんだ。この原理を用いて、巨大な黒い袋を作れば、大きな浮力を得られるはず。

【大実験】
全長50mのクジラ形ソーラーバルーンで人を持ち上げることができた！

太陽で空気を温めるだけで、人を持ち上げられるほどの大きな浮力が得られることがわかった。

太陽の光でバルーンを浮かせる
太陽光はものを温める

　太陽光にはヒトの目に見える「可視光」のほかにも、紫外線や赤外線などさまざまな光が含まれている。そして赤外線には、ものを温める特徴があるのだ。これを利用して水を温める装置が、太陽光温水器である。そして、効率よく赤外線を吸収するためには、適した"色"がある。

　光は、ものにあたると吸収されたり反射されたりする。私たちの目に届くのは反射した光である。例えば、白色光のほとんどを反射するものは"白く"、白色光に含まれる赤い光を主に反射するものは"赤く"見えるのだ。そして、白色光のほとんどを吸収してしまうものは、"黒く"見える。

つまり、効率よく太陽光を吸収して温めるためには、「黒」が最適なのだ！

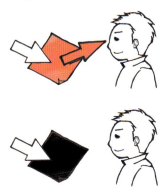

クジラを浮かせるのに必要なもの

　黒が太陽光の熱を吸収するのに最も適した色であることがわかった。しかし、ぺらぺらの黒い紙を太陽光でいくら温めても浮かびはしない。クジラを浮かせるには、もうひとつ必要なものがある。それは何だろう？

　クジラを浮かせるのに必要なもうひとつのものを考えるために、物質の状態について考えてみることにしよう。

　物質には、「固体」「液体」「気体」という３つの状態が存在する。例えば水（H_2O）という物質なら、固体は氷、液体は水、気体は水蒸気だ。この３つの状態（「三態」という）について、もう少し詳しく見てみよう。

　ものはすべて、「原子」あるいは原子が集まった「分子」によってできている。そして、原子や分子は絶えず振動しているのだ。これを「分子運動」とか「熱運動」と呼んでいる。物質の三態は、この分子運動の激しさによって捉えることができるのだ。

● 「固体」：分子運動があまりない状態

　授業中の教室をイメージしてみよう。生徒たちは、自分の席からは離れずに、座席についたままノートを取ったり、教科書を開いたりとわずかに動いている。固体はこのような状態と言える。分子は動いているけれど、その動きはわずかなのだ。

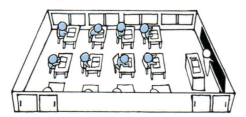

● 「液体」：分子運動が少しある状態

　今度は短い休み時間の教室をイメージしてみよう。生徒たちは、教室の中で自由に動き回っている。液体はこのような状態と言える。分子の動きは固体と比べると活発だ。

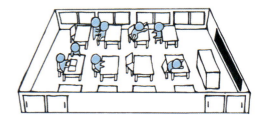

● 「気体」：分子運動が激しい状態

　次に、昼休みや放課後に、生徒たちが教室を飛び出して校庭で走り回っている様子をイメージしてみよう。気体はこのような状態と言える。気体の分子運動はとても激しく、固体や液体と比べて非常に広いスペースを占めるようになる。

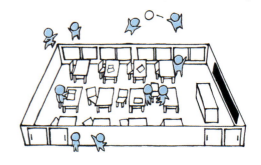

　分子運動は、温めるほど活発になっていく。同じ気体という状態であっても、温めれば温めるほど分子運動は激しくなり、分子が飛び回る範囲も広がっていく。つまり、温かい空気の方が冷たい空気よりも体積が大きくなる。だから、クジラの中に入れた空気は、温めることで膨らんだのだ。そう、クジラを浮かせるのに必要なもうひとつのものは「空気」だったのだ。

1. クジラの中に空気を入れる。

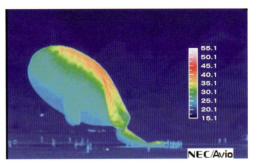
2. 中の空気が温まるとクジラはふくらんでいく。

3. さらに温まった空気は軽くなり、上昇していくので、クジラ自体も浮上する。

4. やがてクジラは地上から完全に浮き上がり、その浮力で人を持ち上げることにも成功した！

「黒い」ソーラーバルーンに「空気」を入れたら浮かんだ！

　これまでみてきたように、ソーラーバルーンが空に浮かぶためには、「黒」と「空気」という２つの要素が必要であることがわかった。そこで、実際にクジラが空に浮かぶまでの大実験の様子を詳しく見てみることにしよう。

　まず、大きな送風機を使ってクジラの中に「空気」を入れた。この空気が逃げてしまうと、いくら温めてもクジラはふくらまない。クジラにとって穴は大敵なのだ。だから穴があかないように気を付けなければならない。そこで、草などがクジラのビニールを傷つけないように、地面に保護シートを広げてから、その上でクジラを展開していたのだ。

　次に、空気をとじこめたクジラを温めるために太陽光をあてた。クジラの「黒い」背中が太陽光を効率よく吸収して、中の空気をどんどん温めていった。言い換えると、クジラの中の空気の分子運動がどんどん激しくなっていき、空気の体積が大きくなっていった。こうして、太陽の光を浴びたクジラはグングンふくらんでいったのだ。

　そして、気体はふくらむほど、その密度は小さくなる。つまりスカスカになり、軽くなっていくので、クジラのおなか側の空気よりも背中側の空気の温度の方が高くなっていった。サーモグラフィーカメラを使って調べてみると、太陽光が直接当たっていないおなか側の空気でも20℃、太陽光を受けた背中部分の空気は40℃以上になっていた。こうして、周りの空気よりも軽くなったクジラが空に浮かんだ。

　そこでレンジャーをクジラにくくりつけると果たして……見事、レンジャーが空に浮かんだ！はじめは眠そうだったクジラの目も、満足そうなスマイルに変わっている。ソーラーバルーンでも人を持ち上げられる浮力が得られることがわかった。

スカイランタン

Column

　温められた空気が軽くなり、上へ行くことを利用して空に浮かべるランタンを「スカイランタン」や「天灯」などと呼ぶ。タイや中国など主にアジア諸国では、昔から無病息災を祈る行事などとしてスカイランタンを飛ばす行事が行われてきた。

　例えば、タイで11月に行われる「コムローイ祭り」という仏教の祭りは、ブッダへの感謝を込めてランタンを飛ばすことが知られている。また、旧正月の15日、元宵節に台湾で行われる「平渓（ピンシー）天燈祭」では、願いをランタンに書き込んで空へと放つ。台湾では近年「台湾ランタンフェスティバル」というイベントも有名になっている。

　日本でも、お祭りや町おこしのイベントなどとしてスカイランタンを飛ばす行事が行われるようになってきている。例えば、新潟県津南市、奈良県宇陀市、富山県高岡市などで実施されている。

上昇気流を利用する鳥たち

Column

　太陽の熱によって地面や海面近くの空気が温められると、上へとのぼっていく。このような空気の流れを「上昇気流」と呼ぶ。鳥の中には、この上昇気流をうまく利用するものがいる。トビやワシなど滑空する鳥は、上昇気流を利用して、回転しながら高度を上げていく「ソアリング（帆翔）」という飛び方することで知られている。そうして上昇してから滑空することで体力を消耗せず、長時間飛ぶことができるのだ。

　多くの鳥が次々に上昇気流に乗って空に浮かぶこともある。そのような様子は「鳥柱」と呼ばれ、ねぐらに向かうユリカモメの鳥柱などが有名だ。このような鳥たちは、熱による上昇気流のほかにも、地形の凹凸によって生まれる気流も利用してソアリングを行っている。

　上昇気流を利用するのは、鳥だけではない。エンジンを搭載していないグライダーも、こうした鳥たちと同じように、上昇気流を利用することで長時間飛行することができるのだ。

小科学実験に挑戦！

手の中でまわる風車

【用意するもの】
折り紙（7cm四方くらい）、つまようじ

【実験のやり方】
1. 折り紙を四つ折りにして図のようにカットし、羽の中央に折り目をつける。
2. つまようじの上に風車の中心をのせ、下の方を包み込むように持つと風車が回転し始める。

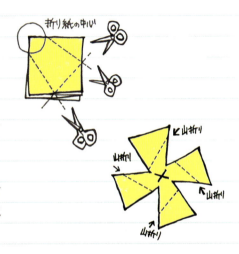

どうして？

手の熱で温められた空気は、まわりの空気よりも軽くなるため、手のまわりに「上昇気流」がおこります。上昇気流により空気が風車にあたるので、風車は回ります。手の下から風車まで、空気がよく通るように持ちましょう。

※つまようじの代わりにまち針を使うと、摩擦が少なくなり、もっとよく回りやすくなります。（針先に注意！）
※気温が高い日には、十分な温度差が得られず、うまくいかないことがあります。

実験02
かなりしょっぱいウェディング

塩——生命を支える物質

　塩がなければ、人間も他の動物たちも生きていくことはできない。特に、他の動物を食べることで塩分補給ができる肉食動物と違い、草食動物にとっては、塩の摂取は必須だ。だから野生の草食動物は塩分を含む土や水がある場所を知っている。そんな動物の後を追って、昔の人は塩の在処を突き止めていたし、放牧されている草食動物は塩の塊を持つ主人のもとへ塩を舐めに集まってくる。そんな塩でドレスを作ることなんてできるのだろうか？　——答えは、やってみなくちゃわからない！

【仮説を立てる】
ドレスの型を用意すれば、塩水からドレス形の塩の結晶を取り出せる。

塩水を垂らした皿を放置すると、やがて水が蒸発して塩が残るように、塩水に型を入れておけば、やがて型通りの塩ができるのでは？

【予備実験】
針金で作った型に糸を巻いて塩水に浸したら、塩の結晶が針金にくっついた。

温めた水にたくさんの塩を溶かしてから、型を浸して塩水を冷ましていくと、これ以上溶けていられなくなった塩が析出した。

【大実験】
型を塩水につけておいたら、塩の結晶でできたウェディングドレスが完成！

70℃の濃い塩水にドレスの型をつけること2回、合計して約200時間後、ついに塩の結晶でできたウェディングドレスが完成した。

塩とはどんな物質なのか？
塩の結晶はサイコロ形

　塩でドレスを作るには、まず塩、正確には塩化ナトリウム（NaCl）という物質について、知っておく必要がある。早速、詳しく見ていこう。

　塩の結晶をまじまじと眺めてみたことはあるだろうか？　例えば、粗塩を黒い紙の上にパラパラとまいてじっくり観察してみると、どの粒もサイコロ形をしていることに気づくだろう。もっと小さな塩の粒も、虫眼鏡などで拡大してみると、同じようにサイコロ形であることが分かる。塩の結晶は、立方体をしているのだ。ところで、そもそも結晶とは何だろう？

　塩に限らず、ものはすべて、原子という非常に小さな粒からできており、2つ以上の原子が集まってできているものを分子と呼ぶ。塩化ナトリウムの場合、塩素とナトリウムが集まって、分子をつくっている。こうした原子や分子が規則正しく並んで集まるため、規則正しい形の固体「結晶」になるのだ。原子や分子の並び方は物質によって決まっており、その結果できる結晶も、ピラミッド形のもの、板状のもの、針状のものなどそれぞれ形が決まっている。例えば、雪の結晶は、水分子が規則正しく並ぶことで、基本的には六角形となることがよく知られている。

岩塩のへき開面

塩は水に溶ける

　コップ1杯の水に、小さじ1杯の塩を加えてよく混ぜると、やがて無色透明な液体となる。これは、塩が水に溶けたためだ。跡形もなく姿を消した塩は、なくなってしまったのだろうか？それを確かめるには、重さを量ってみればよい。はじめに、水の入ったコップと、小さじ一杯分の塩の合計の重さを量り、次に塩を溶かしたコップ一杯の食塩水の重さを量ってみれば、その重さは保存されており、塩は目には見えなくなったが、消滅したわけではないことが分かる。

　さて、一口に「食塩水」と言っても、小さじ1杯の食塩を溶かしたものと、小さじ5杯の食塩を溶かしたものとでは、濃度が違う。一般に、溶かすもの（例えば塩）を「溶質」、溶かす液体（例えば水）を「溶媒」、そして溶けた液体（例えば食塩水）を「溶液」と呼ぶ。溶媒が水の場合には、特に「水溶液」と呼ぶこともある。これらの用語を用いれば、溶液の濃度は次のように表すことができる。

濃度 [%] = 溶質 [g] ÷ (溶質+溶媒 [g]) × 100

　では、溶媒に溶質を加え続ければ、際限なく溶けるのだろうか？実際に試してみれば、すぐわかる。コップ1杯の水に塩を加え続けると、やがて溶け残りが生じて、それ以上溶けなくなるからだ。ある量の水に溶ける塩の量には限界があるのだ。このように、一定量の溶媒にとける物質の最大量をその物質の「溶解度」と呼び、もうそれ以上溶質を溶かすことのできない溶液のことを「飽和溶液」と呼ぶ。溶解度について、簡単な実験をしてみよう。

　同じだけ水を入れたコップを2つ用意して、砂糖と塩の飽和溶液をそれぞれつくってみると、塩よりも砂糖の方がずっとたくさん溶けることが分かる。つまり、溶解度は物質によって異なるのだ。

　また、同じ量の水とお湯に砂糖を溶かしてみると、お湯の方がずっとたくさん溶けることから、溶解度は溶媒の温度によって変化することも分かるだろう。

　下のグラフは、100gの水に溶ける塩の溶解度が、水の温度にともなってどのように変化するかを表したものだ。このグラフを見ると、塩の溶解度は水の温度が変わってもあまり変化しないものの、温度が高い方が多く溶ける傾向があることが分かる。

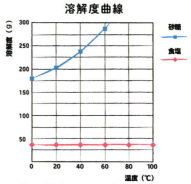

　ここで気を付けなければならないのは、溶解度を調べるときには溶媒に溶質を入れた後、よくかき混ぜるということである。紅茶やコーヒーに砂糖を入れ、かき混ぜずに飲んだら、最後にカップの底に残った部分だけとても甘かったという経験はないだろうか？溶媒に溶けた溶質は徐々に広がり、やがて溶液全体が均一な濃度になる。このような現象を「拡散」と呼ぶのだが、拡散には意外と時間がかかるのだ。溶質の種類や溶媒の温度などにもよるが、かき混ぜずに拡散を待った場合には均一な溶液になるまでに数十日かかることも珍しくない。だから、短時間で均一な溶液をつくるためには、しっかりかき混ぜることが大切だ。

1．水槽に食塩350kgを投入。

2．均一な溶液にするために、しっかりかき混ぜて拡散する。

3．温度などを調節して塩が溶けきったところでドレスの型を入れていく。

4．塩水につけて7日後。見事に塩のドレスが完成した！

溶けた塩を取り出す方法

　水に溶けた塩の姿は、目では見えない。いったいどうすれば、再び塩の結晶として取り出すことができるのだろう？

　ひとつの方法としては、食塩水を入れた容器を一気に加熱して水分を飛ばすというものがある。この方法は、比較的短時間で塩を得られるというメリットがあるものの、得られる塩が不純物を含んでいたり、大きくて形のきれいな結晶が得られにくいというデメリットもある。では、どうすれば不純物の少ない、形のきれいな結晶が得られるだろうか？

　そこでカギになるのが飽和溶液だ。溶解度のグラフで見たように、一定の水に溶かすことができる塩の量には限りがあり、その量は水の温度によって変化する。つまり、温かい飽和溶液を作ってそれを冷ましていけば、水温が下がるにつれて、溶けきれなくなった塩が再び結晶として姿を現すことになる。このような方法を「再結晶」と呼ぶ。ゆっくりと冷ましていくことで、不純物を含まない純粋な結晶が得られるという特徴がある。

　大実験でもこの再結晶によって塩のドレスを作っていた。まず、ドレスの型が入る大きな水槽いっぱいに70℃のお湯を入れて食塩を溶かし、飽和溶液を作った。そこにドレスの型を入れて、ゆっくりと冷ましていき、72時間後に様子を確認したところ、水温は38℃まで下がり、ドレス型の針金には四角い塩の結晶ができ始めていた。しかし、まだ型全体が結晶で覆われてはいなかったため、もう一度温かい飽和溶液を作り直して、再びドレス型を入れた。実験を再開してから120時間後、ついにドレス全体がキラキラと輝く塩の結晶で覆われた。

塩の礼拝堂

Column

　ポーランド共和国には、天井も壁もシャンデリアも、すべてが塩でつくられた、まるで宮殿のような礼拝堂がある。700年以上にわたって岩塩を採掘してきたヴィエリチカ岩塩抗という場所で1987年に世界遺産に登録された。この岩塩抗は深さ327m、全長300kmにも及ぶ。その昔、ポーランド王家に嫁いだハンガリーの王女キンガ姫が、願いを込めて投げた指輪がヴィエリチカを示し、そこから塩があふれるようになったという伝説が知られている。

　現在は観光地として知られるようになり、年間110万人もの観光客が訪れている。観光用の坑道は3.5kmにおよび、採掘当時の様子や地底湖などに加えて、坑夫たちによって作られた、岩塩でできた様々な彫像を見ることができる。中でも圧巻なのが採掘した後の空間に作られた、聖キンガ礼拝堂だ。他にも、コンサートや岩塩の彫刻展、様々なパーティなどの催しが行われるホールや、ぜんそくなどの治療のための地下保養所も設けられている。

縄文人も塩を作っていた

Column

　塩は人間にとっても生きていくために無くてはならないものだ。だから、人々は昔から塩を得るために知恵を絞ってきた。動物の「塩舐め場」をつきとめて塩を得るだけでなく、塩を作る工夫も行ってきた。海で囲まれた日本では、海水から塩を得る努力が続けられてきた。

　海藻を海水に浸しては乾燥させることを繰り返し、塩分濃度を高めた「かん水」を作り、それを煮詰めて塩を得る「藻塩焼き」という方法がある。この藻塩焼きは、万葉集の「名寸隅の　舟瀬ゆ見ゆる　淡路島　松帆の浦に　朝なぎに　玉藻刈りつつ　夕なぎに　藻塩焼きつつ　海未通女　ありとは聞けど　見に行かむ　よしの無ければ　ますらをの　情はなしに　手弱女の　思ひたわみて　徘徊り　吾はぞ恋ふる　舟楫を無み」という歌にも詠まれている。このような塩づくりは縄文時代から行われてきた。「製塩土器」と呼ばれる、薄手の土器に濃度を高めた海水を入れて煮詰め、内側に析出した塩をこそぎ取っていたと考えられているものが出土している。

小科学実験に挑戦！

塩の結晶の「へき開」に挑戦！

【用意するもの】
岩塩の塊、カッターナイフ、カッターマット、木槌

【実験のやり方】
1. カッターマットの上に岩塩の塊を置き、カッターナイフの刃を垂直にあてる。
2. カッターナイフの上から木槌で軽くたたくと、結晶にひびが入り、パカッと割れる。うまく割れた面はツルツルしている。
3. これをくり返して、きれいな立方体の結晶を作る。

どうして？

結晶には、ある特定の方向に割れやすい性質があり、これを「へき開」と呼びます。塩（塩化ナトリウム）の場合には、へき開によって立方体の結晶が得られます。

※カッターナイフでけがをしないように注意しましょう！

実験03

本は力持ち

新たな「吊るす」挑戦

　調理器具、洗濯物、乾燥中のハーブ、観葉植物、ハンモック、吊るし雛……生活の中では、実にさまざまなものが吊るされている。電車の中には広告が吊るされ、美術館では絵画が吊るされている。吊るすために使われている道具も、ハンガーであったり、S字フックであったり、カラビナであったりと多種多様だ。そんな「吊るす」という行為について、新たな挑戦が行われた。本を使って、力士を吊るすことはできるのだろうか？　──答えは、やってみなくちゃわからない！

【仮説を立てる】
2冊の本を使えば、120kgの力士を持ち上げられるのではないか？

紙を重ねて置き、下の紙を引っ張ると、上の紙もついてくる。この現象を利用すれば、120kgの重い力士を持ち上げることもできるのでは？

【予備実験】
重ねる紙の枚数を増やすと、耐えられる力の大きさが大きくなった！

4枚の紙を重ねて引っ張ると、12kg分の力に耐えられた。そこで、111ページの本2冊で試したら、100kgのおもりも吊るせた！

【大実験】
183ページの本を2冊使ったら、120kgの力士を吊るすことに成功した！

111ページの本では力士を吊るすことができなかったので、183ページの本で再挑戦したところ、見事、力士を吊るすことができた！

「摩擦力」の仕業
摩擦力は動きを妨げる

のりも接着剤も使っていないのに2冊の本が外れなくなったのは、ページとページの間にはたらく「摩擦力」の仕業だ。どういうことか詳しく考えてみよう。

例えば、机の上で本を滑らせると、本はやがて止まる。これは、本の動きを妨げる向きに摩擦力がはたらいたために、本がだんだん減速したからだ。この場合、摩擦力は本が机と触れ合っている部分にはたらいている。このように、摩擦力というのは、触れ合っている物体の間にはたらき、物体の動きを妨げる力である。

もしも摩擦力がなかったら、床の上を滑らせた本はどこまでも滑っていく。例えばエアーホッケーはパックを宙に浮かせることで摩擦をなくしているので、パックが滑らかに動き続けるのだ。

摩擦力を大きくするには……

　今回は、摩擦力によって本のページとページが外れないようにしたいので、どうすれば摩擦力を大きくできるかについて考えてみることにしよう。そのためには、摩擦力の大きさが何によって決まるのかを知る必要がある。

　床の上に、図のように四角い物体が置いてあるとしよう。この物体にはたらく力について鉛直方向、つまり縦方向と、水平方向、つまり横方向に分けて考えてみる。鉛直方向では、下向きに重力がはたらいているだけでなく、床が垂直に加える「垂直抗力」という力が上向きにはたらき、この2つの力がつり合うことで静止した状態を保っている。この状態では摩擦力ははたらいていないが、この物体に右向きの力を加えて動かそうとすると、その動きを妨げる向き、つまり左向きに摩擦力がはたらく。この2つの力がつり合っていれば物体は動かないし、摩擦力よりも大きな力を加えれば、物体は右向きに動き出すことになる。

　同じ物を押して動かそうとしたときに、ツルツルの床の上とザラザラの床の上では動かしやすさが違うという経験をしたことがあるのではないだろうか。これは摩擦力の大きさが、接している2つの面（動かそうとしている物体の下側の面と物体が乗っている面）によって決まるためだ。したがって、摩擦力を大きくするには、物体が接する面の種類や状態を変えるという方法が考えられる。

　もうひとつ、摩擦力の大きさの決め手となるのが、垂直抗力の大きさだ。摩擦力の大きさは、垂直抗力の大きさに比例する。つまり、摩擦力を大きくするには垂直抗力を増やせばよい、ということになる。どういうことか、もう少し具体的に考えてみよう。

　先ほどの床の上の物体を上から押してみよう。すると、物体にはたらく下向きの力は、**「重力＋押す力」** に増える。このとき、物体が床にめり込まないように支えるためには、同じ大きさの垂直抗力が必要になる。つまり、押す力の分だけ垂直抗力も大きくなるのだ。すると、摩擦力もこれに比例して大きくなる。

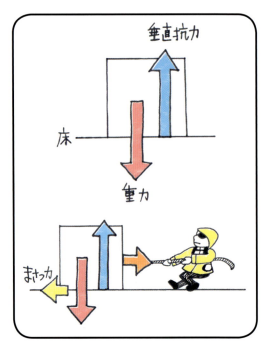

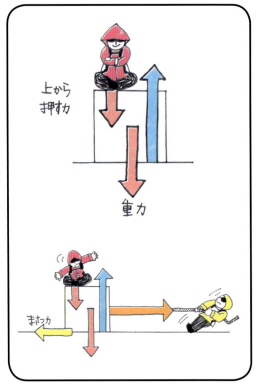

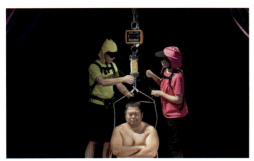

1．力士と本をセット。あいだに量りもセットし、何kg分の重さがかかっているのかも把握する。

2．輪ゴムで挟むことで「垂直抗力」が増し、摩擦力も大きくなった。

3．力士が乗っている台が下がり、少しずつ本に重さが加わっていく。

4．本の摩擦で力士を持ち上げることに成功！

接する面の数を増やして摩擦力を大きくする

　摩擦力を増やすには、物体と接する面の状態を変える方法や、物体を押しつけることで垂直抗力を大きくする方法があることがわかった。これらのほかにも、摩擦力を増す方法がある。それは、摩擦がはたらいている面の数を増やすという方法だ。

　例えば、羊毛を紡いだ毛糸だ。毛糸は、知っているだろうか。毛糸とは、羊毛の繊維を引き出しながら「よりをかけた」糸、言い換えれば「ねじった」糸だ。ただねじっただけなのに、糸はほどけてバラバラの繊維に戻ってしまうことはない。これは細い繊維と繊維の間に摩擦力がはたらき、全体として大きな摩擦力になっているためだ。砂で作った山が崩れないのも、砂粒ひとつひとつの間に摩擦力がはたらき、全体として大きな摩擦力になっているからだ。このように接する面の数を増やすことで、1か所にはたらく摩擦力は小さくとも、全体として大きな摩擦力を得ることが可能になる。

　番組では、はじめに2枚の紙を重ねて下の紙を引っ張っていた。すると、上の紙もついてきた。これは2枚の紙の間に摩擦力がはたらいたからだ。そこで次に4枚の紙を重ねて引っ張ると簡単には外れなかった。このとき引っ張る力を調べてみたところ、12kgのものを支えられるほどの大きさであった。でも、力の強い力士はこれを簡単に外してしまった。そこで、今度は111ページの本を2冊用意して、1ページずつ交互に重ねてみたところ100kgのおもりを吊り下げることができた。本を重ね合わせた部分はわずか3cmほどであったが、ページを重ねるということは、接する面の数を増やすということに他ならない。羊毛の例でも分かるように、接する面の数が増えれば、その分摩擦力も増え、合計の摩擦力も大きくなっていく。最終的には、183ページの本2冊によって120kgの力士を吊るすことに成功していた。

身近な所で活躍する摩擦力 Column

　摩擦力は身近な所でも、さまざまに活躍している。例えば、軍手の内側に滑り止めのツブツブがついているものがある。布だけの軍手と比べると大きな摩擦力がはたらくため、よりしっかりと物をつかむことができる。ビンのふたを開けるときに手が滑ってしまってなかなか開かないときには、太めの輪ゴムをふたの周りに巻き付けることで摩擦力が大きくなり、開けやすくなる。駅などの階段はへりの部分に滑り止めの加工がされており、靴底との間にはたらく摩擦力によって滑りにくくなっている。

　ほかにも、お盆にのせた食器が滑ってしまわないように、特殊な素材で作られたお盆もある。この素材と食器が接する面にはとても大きな摩擦力がはたらくので、お盆を大きく傾けても平気だ。同じような素材は、斜めに置いても滑らないスマートフォン・ホルダーなどにも使われているし、地震対策グッズとしても利用されている。いろいろな場所で活躍する摩擦力を探してみよう。

冷蔵庫のメモが落ちないのは摩擦力のおかげ Column

　冷蔵庫に磁石で貼り付けたメモが落ちないのは、磁力と重力がつり合っているからだと思いがちだ。しかし、重力は下向き、磁力は横向きにはたらいているから、この2つの力はつり合っていない。ではなぜメモは落ちないのだろう？

　その謎を解き明かすためには、メモにはたらく力について、鉛直方向と水平方向に分けて考える必要がある。まず水平方向について考えてみると、メモは磁石によって冷蔵庫に押しつけられている。これだけだとメモは冷蔵庫にめり込んでしまうが、反対向きに冷蔵庫から垂直抗力を受けることで水平方向の力はつり合っている。次に鉛直方向について考えてみよう。メモには下向きに重力がはたらいているので、落ちようとする。これをとどめているのが垂直抗力に比例した大きさの摩擦力というわけだ。磁力が強いほど、垂直抗力も大きくなり、それにともなって摩擦力も大きくなる。だから、強い磁石ほどしっかりとメモをとめることができるのだ。

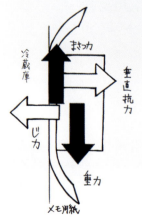

小科学実験に挑戦！

指ヘビをつくってみよう

【用意するもの】
梱包用のポリプロピレンバンド（半分の幅にカット、長さ70cm程度）4本

【作り方】
1. 2本のバンドを真ん中から2つに折る。2本とも同じ方向に折る。
2. 図のように組み合わせる。
3. 図のように編み込む。1～3と同じものをもう1セットつくる。
4. 2つを図のように組み合わせる。
5. 互い違いにひもを編み込んでいく。
6. 筒状にしたら、1本を使って他を束ねて結ぶ。

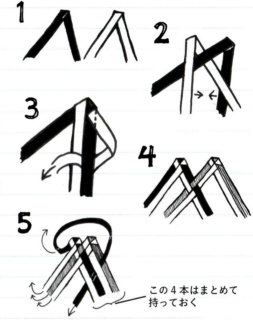

この4本はまとめて持っておく

【実験のやり方】
指をしっかり奥まで差し込んでしっぽを引っ張ると、指が抜けなくなる。

どうして？

指ヘビの中に指を入れると、指ヘビと指の間に摩擦力がはたらきます。指ヘビのからだが縮んでいるときには指ヘビは太く、指の表面を押す力（垂直抗力）が小さいため、摩擦力はあまりはたらきません。しかし、指ヘビを引っ張るとからだが細く伸びるので、指の表面を押す力が大きくなり、摩擦力もたくさんはたらくようになって、指が抜けなくなるのです。

実験04

卵の上に立つラクダ

小さな力も集まれば・・・

　「滴り積もりて淵となる」、「塵も積もれば山となる」、「点滴石を穿つ」……これらの言葉の共通点が分かるだろうか？　これらはみな、ひとつひとつは小さなものでも、たくさん集まればとても大きなものになる、ということを意味している。そこで、こんな疑問がわいてきた。卵は、1個では簡単に割れてしまう。でも、そんな卵だってたくさん集めたら、もしかしたら重いラクダを支えることができるんじゃないか！？　——答えは、やってみなくちゃわからない！

【仮説を立てる】

広い面積に重さを分散すれば、卵1個にかかる力は小さくできる。

砂の上に残ったラクダの足跡と、ブーツを履いた女性の足跡を比べてみたら、女性の足跡のかかと部分の方が深く沈んでいた。

【予備実験】

卵1個あたり平均5kg分の重さに耐えられるとすると？　ラクダも支えられる。

卵1個がどのくらいの重さに耐えられるのか、何度も試して平均値を求めたところ、5kg分の重さであることが分かった。

【大実験】

500個の卵で1,200kg以上もあるラクダとアクリル板を支えられた！

卵に均等に力が加わるようにアクリル板の上にラクダをのせて、卵の上に下ろしていき、卵だけで支えることに成功！

「圧力」は「力」にあらず？
力はニュートン、圧力はパスカル

　この大実験のカギを握るのは「圧力」だ。ところで、科学において「圧力」というのは「力」とは別の量だということを知っているだろうか？

　力や圧力、長さや質量など量にはそれぞれ対応した単位がある。例えば、長さは〔m〕：メートル、質量は〔kg〕：キログラムといった具合だ。いろいろな単位を見てみると、小文字で表されるものと、大文字で表されるものがあることに気がつくのではないだろうか。大文字で表される単位は、科学者の名前にちなんだものなのだ。例えば、電流の単位〔A〕：アンペアは、電気の研究に貢献したフランスのアンドレ＝マリ・アンペールにちな

んでいるし、光や音などの周波数の単位〔Hz〕：ヘルツは、電磁波の研究に貢献したドイツのハインリヒ・ルドルフ・ヘルツに由来している。

アイザック・ニュートン
（1642〜1727）

　さて、力の単位は〔N〕：ニュートン。万有引力など力や運動の研究をはじめとして、天文学や光の研究など数多くの業績を残したイギリスのアイザック・ニュートンからつけら

れている。

一方の圧力の単位は〔Pa〕：パスカル。圧力に関する「パスカルの原理」をはじめとして、数学や哲学など幅広く活躍したフランスのブレーズ・パスカルからつけられている。

ブレーズ・パスカル
（1623 ～ 1662）

「力」÷「面積」＝「圧力」

それでは、力と圧力は何が違うのだろう？　番組では、砂漠を歩く55kgの女性と750kgのラクダの足あとを比較していた。重力の大きさはラクダの方が大きいのにもかかわらず、女性がはいたブーツのかかとの跡の方が深く砂にめり込んでいた。このことをもう少し詳しく考えてみよう。

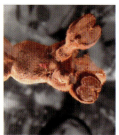
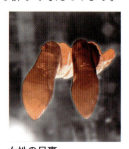

ラクダの足裏　　　　女性の足裏

1Nの力は、約100gの物体にはたらく重力と同じ大きさだ。つまり、女性にはたらく重力はおよそ550N、ラクダにはたらく重力はおよそ7,500Nということになる。やっぱり、ラクダにはたらく重力の方が大きい。では、足跡の大きさはどうだろう？

ブーツのかかととラクダの足跡の面積を比べてみよう。ブーツの踵の面積は1cm²、ラクダの足跡は2本分で900cm²だった。つまり、女性にはたらく重力は1cm²の面積にすべてかかっていたけれど、ラクダにはたらく重力は900cm²の面積に分散していたことになる。そこで、同じ1cm²の面積にはどのくらいの力がはたらいていたのかを比較してみよう。

女性の踵：550〔N〕÷1〔cm²〕＝550〔N/cm²〕
ラクダ：7,500〔N〕÷900〔cm²〕≒8.3〔N/cm²〕

このように、同じ面積で比べると、ラクダよりも女性のかかとの方がずっと大きな力がはたらいていたことがわかる。この、「一定の面積あたりにはたらく力」のことを「圧力」というのだ。つまり、ラクダの足よりも、女性のかかとの部分にかかっていた圧力が大きかったため、砂には深い跡が残ったということになる。圧力を加えているものが大気の場合は「大気圧」や「気圧」、水の場合には「水圧」、油の場合には「油圧」と呼ぶこともある。

ちなみに、〔Pa〕：パスカルという単位は、〔N/m²〕とも表すことができる。つまり、Paというのは、「1m²あたり何Nの力がはたらいているのか」を示していることになる。

ここまでみてきたように、力がはたらく面積が大きいほど圧力は小さくなる。このような、力がはたらく面積と圧力との関係は、身近なところにみつけることができる。例えば、ノック式のボールペンを使うとき、指でペンをノックしても、痛くはない。これはノックする部分に、ある程度の面積があるためだ。ところが、ペンを逆さまに持って、ペン先を同じ大きさの力で押してみると、ペン先が指に食い込んでしまって痛い。これは、ペン先の面積がとても小さいために、同じ大きさの力で押しても、指先にかかる圧力が非常に大きくなってしまうからである。

ほかにも、ラクダの大きな足が砂に埋もれにくかったように、やわらかい雪の上でも埋もれずに歩くことができるように工夫された道具がある。日本で古くから使われてきた「かんじき」や、「スノーシュー」と呼ばれるものがそうだ。これらの道具は、靴の下に装着して、接地面積を大きくすることで、体重を分散して雪に埋もれずに歩くことを可能にしてくれる。同様の道具は、コンクリートやモルタルで土間や駐車場などを作る際に、足跡が残らないようにするのにも活躍している。

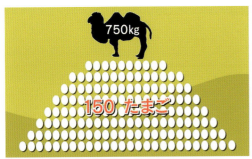

1．計算したら150個の卵が必要なことが判明。

2．アクリル板の重さなども考慮して500個の卵を用意。

3．ラクダを卵の上にスタンバイ。

4．ラクダを支えることに成功！

必要な卵の数は計算で求められる！

　さぁ、いよいよ大実験。ラクダを支えるためには、いったい何個の卵を用意すればいいのだろう？　ここでも計算が役に立つ。

　予備実験で、卵1個は平均すると、およそ5kgのおもりにはたらく重力、つまり約50Nの力に耐えられることがわかった。一方、ラクダにはたらく重力の大きさは約7,500Nである。したがって、必要な卵の個数は次の式で求めることができる。

$$7{,}500 \, [N] \div 50 \, [N] = 150$$

　つまり、ラクダにはたらく7,500Nの重力を支えるには、150個の卵が必要だということになる。しかし、番組ではもっとたくさんの卵を用意していた。これはいったいなぜだろう？

　ラクダが歩いて卵の上に乗る場合、力が均等に卵にかからず、割れてしまうことが想定される。そこで、ラクダを先に板にのせ、その板を卵の上におろしていくことにした。そのために用意したのが、750kgのラクダが乗ってもたわまないように十分な厚みがある450kgのアクリル板だ。この板にはたらく重力はおよそ4,500Nだから、ラクダと合わせて12,000N以上を支えなくてはならない。この場合に必要な卵の個数を改めて計算してみよう。

$$12{,}000 \, [N] \div 50 \, [N] = 240$$

　つまり、ラクダとアクリル板を支えるためには、少なくとも240個の卵が必要だということになる。さらに、ラクダとアクリル板に加えてスタッフも乗ることや、卵の大きさには個体差があり、すべての卵がアクリル板にしっかり接触しないことを考慮に入れる必要がある。そこで、番組では500個の卵を用意していた。その結果、ラクダを卵で支えることに成功した。

　番組では、最後にラクダが動いたために、卵にかかる力のバランスが崩れ、卵が一気に割れた様子も確認できた。

たくさんのタイヤで力を分散 Column

　一輪車のタイヤの数は1つ、二輪車のタイヤは2つ、三輪車の場合は3つだ。では自動車はいくつ？　自動車のタイヤは4つだと思っている人が多いのではないだろうか。しかし、自動車のタイヤは4つとは限らない。

　重い荷物を運ぶトラックやトレーラーをよく見ると、前方にあるタイヤは左右1つずつでも、後ろの荷台の下にはたくさんのタイヤがついていることがある。多いものでは、30本以上ものタイヤを持つ車もある。いったいどうして、こんなにもたくさんのタイヤがついているのだろう？

　これは、たくさんのタイヤで荷物にかかる重力を分散して、ひとつひとつのタイヤにかかる力を小さくする工夫だ。そのため、重い物を運ぶ車ほど、たくさんのタイヤを備えている。

　街中でトラックやトレーラーを見かけたら、何を運んでいるのか、そしてタイヤの数はいくつなのか調べてみると面白い。

How Many?

広い面積で力を分散 Column

　ベッドの上に片足で立ってみると、小さな面積に体重がすべてかかるので、足はベッドに深く沈み込む。一方、同じベッドに寝そべった場合には、体全体という広い面積に体重が分散されるため、ベッドへの沈み込みは小さくなる。しかし、実際には体の表面には凹凸があるため、体全体がベッドに触れているとは限らない。そこで注目したいのが、低反発素材だ。この素材は、もともと宇宙開発の中で生まれたものだ。

　宇宙飛行士が地球から飛び立つ際には、非常に大きなG（ジー）が体にかかる。そこで、少しでもGを軽減するために低反発素材が開発された。体の凹凸に合わせて変形することで、体全体、つまり広い面積に力が分散してはたらくようにしてくれる。言い換えれば、体にかかる圧力を小さく抑えてくれるのだ。

　もともとは宇宙飛行士のために開発された素材だが、今ではベッドのマットレスや枕など身近なさまざまなものに利用されている。

体圧分散されていない

Good!
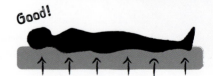
しっかり体圧分散されている

小科学実験に挑戦!

つまようじにプリンがのる!?

【用意するもの】
つまようじ1束(約850本)、プリン(底に穴をあけて取り出すタイプ)、輪ゴム

【実験のやり方】
1. ケースに入ったつまようじの束を輪ゴムで止めて、ケースから取り出し、とがっている方を上にしてお皿にのせる。
2. その上にプリンをそっとセットして容器から出す。

どうして?

1本のつまようじだと、簡単にプリンに刺さりますが、たくさんのつまようじを束ねた上にプリンをのせると、刺さらずにプリンを支えることができます。針のようにとがったものが刺さりやすいのは、ハイヒールと同じように、先端のとても小さな面積に押す力が集中するから。そこで、たくさんのつまようじを束ねて、それぞれの先端にかかるプリンの重さを分散してやれば刺さりにくくなるのです。

実験05

水のナイフ

リンゴを切るのは、ナイフとは限らない！

　リンゴを切ろうとするときには、ナイフを使うのが一般的だ。では、ナイフが手元にないときには、どうするだろう？　まるかじりしたい気持ちはグッとこらえて、どうしてもリンゴを切らなければならないとしよう。例えば、大昔の人々のように、鋭利な石をナイフ代わりに使うことも考えられる。あるいは、何かかたいものを使って切るかもしれない。では、水は？　水をナイフ代わりにすることなんてできるのだろうか？　——答えは、やってみなくちゃわからない！

【仮説を立てる】
ナイフではなく、水を使ってリンゴを切ることができるのではないか？

普通リンゴを切る時に使うのはナイフだけれど、水鉄砲から勢いよく水を出したら、リンゴが切れるのではないだろうか？

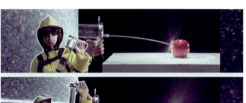

【予備実験】
水鉄砲のピストンを押す力が強いほど、とびだす水の勢いも強くなる！

ピストンを押す力が異なる2つの水鉄砲を使って試したら、押す力が強い方はリンゴが動いた。つまり水の勢いが強いとわかった！

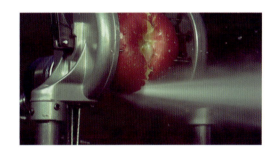

【大実験】
高圧洗浄車を使って大きな圧力をかけて水を押し出したらリンゴが切れた！

手動のポンプでは十分な水の勢いを得られなかったので、高圧洗浄車と鉄製の水鉄砲を使ったら、リンゴを切ることに成功した！

「水」は、かたい！？
やわらかい水、かたい水

　刃物を使わずに、水でリンゴを切ることができたのは、勢いよく噴出させた水が、かたくなったからだ。水がかたいとはどういうことか詳しく見ていこう。

　豆腐屋さんが作業をしている様子を見たことがあるだろうか？　大量の水をはった容器の上で、大きな豆腐に包丁をスッスッと入れて1丁のサイズに切り分け、水面からそっと水の中に沈めていく様は、まさに職人技である。ここで注目したいのは、切り分けた豆腐を離すのは水面近くである、という点だ。もしも、水面よりずっと高い位置から豆腐を落としたとしたら、せっかくの豆腐はぐちゃぐちゃに壊れてしまう。

　豆腐屋さんの作業を見たことがなくても、プールに飛び込んだことはあるのではないだろうか？
うまく指先から入水できればよいが、失敗してしまって水面にお腹を打ちつけてしまうと、とても痛い。ひどいときには、お腹が赤くなってしまった経験がある人もいるだろう。しかし、水面近くから水に入る場合には、指先から入ろうがお腹全面で入ろうが痛い思いはしないはずだ。

　このような現象が起こるのは、水のかたさが変化するためである。ゆっくりと水に入るときには水はやわらかいが、速く入ろうとすると水はかたくなるのだ。

止まるまでの時間と受ける力の関係

映画の撮影などで、スタントマンがビルから飛び降りるシーンでは、地面に厚いエアマットが敷かれ、落下の衝撃を吸収する。あるいは、陸上競技の棒高跳びなどでも、バーを越えた選手のからだがエアマットに沈み込む様子を見たことがあるのではないだろうか？ ここでポイントになるのが、エアマットに「沈み込む」ことで衝撃が吸収されるという点である。

スタントマンや選手のからだがエアマットに沈み込むということは、ある速さで落下してきたからだが、時間をかけて止まったということになる。一般に、動いているものの速さの変化は、**「物体にかかる力の大きさ×時間」**によって表される。つまり、同じ速さで動いている物体について考えると、止まるまでの時間が長いほど物体が受ける力は小さくなり、逆に止まるまでの時間が短いほど大きな力を受けることになる。

例えば、キャッチボールをするときに、ボールを受け止めつつ腕を引けば、ボールが止まるまでに時間がかかるので手がボールから受ける力は小さくてすむ。もし、腕を動かさずにボールをキャッチしようとすると、短時間でボールを止めなければならないので、手には大きな力がかかってしまうことになる。

この原理を知っていれば、水風船を投げ合う時にも役に立つ。水風船は割れやすく、上手にキャッチしないとびしょ濡れになってしまう。そしてこの「上手にキャッチ」するコツが、できるだけ時間をかけて止める、ということなのだ。水風船が手に触れたら、水風船の動きに合わせて腕を引き、できるだけ長い時間かけて水風船を止めるようにすればよい。そうすれば、水風船にかかる力は非常に小さくなるので、割れにくくなる。

水風船で遊ぶ機会がないという人でも、この原理に守られているかもしれない。自動車などに装備されているエアバッグも、時間と力の関係を利用した道具だ。事故の際、エアバッグは一瞬でふくらみ、その後時間をかけてつぶれていくところがポイントだ。高速で走っている車の中にいる人は、「慣性」という性質により、そのままの速さで進み続けようとする。膨らんだエアバッグが、時間をかけてつぶれていくことで、車内の人のからだも時間をかけて止まることができるので、からだにかかる力は小さく抑えることができるのだ。もちろん、シートベルトをしていることは絶対条件だ。近年では、車の中だけでなく、車の外に歩行者のためのエアバッグを装備した車も登場している。

豊田合成（株）提供

1．大実験では高圧洗浄車を用意。

2．吹き出し口に水鉄砲を使用したがリンゴは無傷。

3．そこで特別な台と、細いノズルが登場。

4．水でリンゴを切断することに成功した。

速い水は、かたい

　話を水に戻そう。水に速く入ろうとすると、水はかたくなる。水の中に物体が入るためには、水が変形して物体が入るスペースをつくらなければならない。水にゆっくりと入るときには、水の変形が間に合うので、スムーズに入水できる。ところが、入水の速さが速いと、この水の変形が追いつかなくなり、その結果、まるで固体であるかのようにふるまうのだ。

　水が速く動いて、何かにぶつかったときにも、水はかたい物質としてふるまう。例えば、水が勢いよく流れ落ちる滝を考えてみると、かたい岩石をも削り、滝つぼがつくられることからも水のかたさを感じることができる。

　身近な例では、ホースから水を出しているとき、ホースの先をつまむと水の速さが増す。それぞれの場合にホースから出る水を手にあててみれば、何もせずにホースから出ていた水よりも、速い水の方が痛いと感じるはずだ。水の勢いが弱いときに用いられる低水圧用のシャワーヘッドも、このような原理を利用している。通常よりも穴の数を少なくしたシャワーヘッドに取り換えることで、水を勢いよく出すことができるのだ。

　番組では、水のこのような性質を利用していた。高圧放水車を使って、細いノズルの先から勢いよく水を出すことで、リンゴを切ることに成功していた。

ウォーターカッター

Column

通常の刃物では切ることができなかったり、切るのが難しいものをカットするために役立つ、ウォーターカッターという道具がある。これも水のかたさを利用している。

例えば、ガス漏れのおそれがある建物の扉をカットする必要がある場合、通常の金属製のカッターを使うと、火花が飛び散り、ガスに引火してしまうかもしれない。しかしそんな場合でも、ウォーターカッターなら火花が飛ぶことはないので、心配せずに扉を切ることができるのだ。

他にも、スポンジのように熱に弱い素材をカットするのにも役立っている。通常のカッターでは、摩擦によって生じる熱で素材を痛めてしまうことがあるが、水のナイフならその心配はいらない。

また、「切ったときにかすが出ない」、「複雑な形でも簡単に切ることができる」、「かなり厚いものでも切ることができる」などのメリットもあるため、ウォーターカッターは様々な場面で活躍している。

ダイラタンシー流体

Column

ゆっくり触るとやわらかく、液体のようにふるまい、素早く触るとかたく、固体のようにふるまう性質を持った流体を「ダイラタンシー流体」という。中でも有名なのが、片栗粉と水で作るダイラタンシー流体だろう。

水と片栗粉をおおよそ1:1の割合でよく混ぜる。すると、白くネバネバした流体ができる。この流体を手ですくってみると、指の間からダラダラと垂れる。ところが、手の中でギュッと握りしめるとかたまりになり、場合によっては表面にひびが生じることもある。そして、握るのをやめて手の上にのせておくと、やがてかたまりはとろけて再び液体のようになる。この流体を大きめの容器に入れて、その上で素早く足踏みをすると、足踏みをしている間は固体のようにかたくなっているので、沈み込むことなく流体の上にとどまることができる。しかし、足踏みをやめてしまうと、流体はまるで液体のようにふるまうので、足は沈み込んでしまうのだ。

小科学実験に挑戦!

シーツで卵をキャッチ!

【用意するもの】
ゆで卵、よごれてもいい大きめの布（古いシーツなど）

【実験のやり方】
1. 大きめの布を2人で広げて持つ。このとき、下の部分を少したるませて、卵をキャッチできるようにしておく。
2. 卵を布の真ん中めがけて投げる。
3. 割らずにキャッチできたか確かめる。

どうして？

壁にぶつけたら割れてしまう卵が、どうして布だと壊れなかったのでしょう？壁と布の場合の何が違うのでしょう？　それは「飛んできた卵が止まるまでの時間の長さ」です。壁にぶつけられた卵は一瞬で止まります。このとき、壁は卵にとても大きな力をかけます。ところが布の場合には、卵が止まるまでに時間がかかります。つまり、布は卵に小さな力を少しずつかけていって止めるので卵は割れなかったのです。

実験06

象の重さは？

測定——人類の叡智の結晶

　古来より人々は様々なものを測ってきた。古代メソポタミアでは、肘から中指の先までの長さ：キュビトを用いて長さを測り、世界各地でイナゴマメやトウモロコシなどの穀物や種子を重さの基準としてきた。日本では江戸時代に伊能忠敬が自らの歩幅を基準に測定した距離によって日本地図を描いた。このように、測定の歴史は人類の叡智の結晶と言えよう。人間用の体重計では象の重さは測れない。でも工夫をすれば測れるかも？　——答えは、やってみなくちゃわからない！

【仮説を立てる】
水に浮かべたいかだの沈み具合を調べれば、象の体重を量れる。

人間用の体重計に象をのせることはできないが、水に浮かべたいかだがどれだけ沈むかを調べれば体重が量れるのでは?

【予備実験】
上に乗せたものが重いほど、水に浮かんだボートは深く沈む。

水に浮かべたボートの模型におもりをのせてみたところ、500gのおもりよりも1kgのおもりの方が、より深く沈んだ。

【大実験】
象の場合と同じだけいかだが沈んだ時のレンジャーの体重の合計は?

象と同じだけいかだが沈んだとき、いかだに乗ったレンジャーは54人だった。全員の体重を合計したら、3,295kgだった。

象の重さを量る工夫
重さの量り方

　この大実験では、象のように非常に重いものの重さを量るためにどんな工夫をすればよいのか、がカギとなる。そこで、まずは重さの量り方について考えてみよう。

　重さを量るための道具には、主に「ばねばかり」と「天秤ばかり」の2種類がある。

　ばねばかりは、ばねの変形量の大きさによって物体の重さを量る道具だ。物体の変形量の大きさは、物体に加えられる力に比例するという「フックの法則」を利用している。

　一方の天秤ばかりは、「てこの原理」を利用した道具だ。もともとつり合っていた天秤の片側に重さを量りたい物体を、反対側に重さが分かっている分銅を置いて再びつり合わせ、分銅を合計した重さを求める。

　象の体重をばねばかりで量ろうとすると、象が乗っても、あるいは象を吊るしても壊れない丈夫なバネが必要になる。天秤の場合も同様に、象が乗っても壊れない丈夫な天秤を用意しなければならないが、どちらも実現するのは容易ではない。そこで注目したのが、いかだだ。

　水に浮かべたいかだの上に象が乗ると、いかだは少し沈んだが、水中に沈むことなく浮かび続けていた。いかだを使うと重い象を水の上に浮かべることができたのはなぜだろう?

水を押しのけるほど、浮力がはたらく

　水の中にある物体には、「浮力」という上向きの力がはたらいている。その浮力の大きさは、物体を水に入れたことで、「物体によって押しのけられた分の水にはたらく重力の大きさと等しい」というと少しややこしく感じるかもしれないので、具体的に考えてみよう。

　ここに、鉄でできた1辺が10cmの立方体と、同じ大きさの杉の立方体があるとしよう。これらの立方体の体積は、次の式で求められる。

$$10[cm] \times 10[cm] \times 10[cm] = 1,000[cm^3]$$

　まず、この大きさの鉄の立方体にはたらく重力を求めてみると、約79Nとなる。一方、杉の立方体にはたらく重力は約3.8Nだ。

　この鉄と杉の立方体をそれぞれ水中に押し込むと、押しのけられる水の体積は、どちらの場合も1,000cm³である。その量の水にはたらく重力は約10Nとなる。つまり、鉄・杉の立方体には、どちらも10Nの浮力がはたらくことになる。

　ではなぜ、同じだけ浮力を受けているにも関わらず、鉄は沈み、杉は浮くのか？　その謎を解くには、鉄と杉、それぞれの立方体にはたらく力をすべて考える必要がある。

　まず、鉄の立方体について考えてみよう。鉄には、下向きに重力79N、上向きに浮力10Nがはたらくので、合計すると下向きに69Nの力がはたらくことになる。だから水中で手を離すと、鉄は沈むのだ。

　一方、杉の立方体に下向きにはたらく重力の大きさはわずか3.8Nであるから、上向きに浮力10Nがはたらけば、合計すると上向きに6.2Nの力がはたらくことになる。だから、水中で手を離すと杉は浮かび上がる。

　このように、水中の物体が浮くか沈むかは、浮力の大きさとその物体にはたらく重力とのバランスによって決まる。重い物でも、浮力が十分に大きければ浮かぶことができる。

　例えば鉄のかたまりは水に沈むが、鉄でできた船は水に浮く。これは、船の内部が空洞になっていることで、船に使われているのと同じ量の鉄のかたまりよりも、はるかに多くの水を押しのけることができる、つまり、非常に大きな浮力を受けることができるためだ。

　身近な例では、プールでビート板を使って泳いだことはないだろうか？　ビート板があるだけでぐっと浮きやすくなり、安心して泳ぐことができる。水中では、自分の体の体積分だけ浮力を受けているが、ビート板を使えば、ビート板にはたらく浮力の分も利用することができるようになるので、ずっと浮きやすくなるのだ。このことを知っていると、水難事故にあった場合にも適切な対処ができるだろう。

　誤って水に転落してしまったときには、落ち着いて、まずは浮くことに専念するのが大切だ。ライフジャケットや浮き輪があれば理想的だが、そういったものがなくても、ペットボトルや空気を入れて口を結んだビニール袋などがあれば、その浮力の分だけ浮きやすくなる。そうして呼吸ができる状態を保ち、救助を待とう。

レンジャーの体重の合計は 3,295kg、象の体重は 3,263kg。わずかな誤差で計測することができた。

いかだが沈んだ深さで体重測定

　番組では、まず象をいかだに乗せて、いかだがどれくらい沈んだかを調べていた。そのときの深さにテープで印をつけてから、同じ深さに沈むまで、次々にレンジャーがいかだに乗っていった。レンジャー1人ずつの体重は、人間用の体重計で簡単に量ることができるから、レンジャー全員の体重の合計を求めれば、象1頭の体重と等しくなるはずだ。つまり、レンジャーを分銅の代わりにしたのだ。

　重さに限らず、何かを測定するときには、どれくらい正確に測れたかがひとつの重要なポイントとなる。測定の正確さは「精度」、実際の値からのズレを「誤差」と呼ぶ。誤差の大きさ、つまり測定の精度は、測定の方法や使った道具によって決まってくる。例えば、長さを測りたい時に、「広げた手〇個分」という測り方よりも、1mm間隔のメモリがついた定規で測った方が、誤差の少ない、つまり精度の高い値が求められる。ただし、測定値は細かければよいというものでもない。どんな目的で、どの程度正確な値が必要なのかを見極め、最も適した道具や方法を選ぶことが大切だ。

　さて、今回の大実験の場合の誤差について考えてみよう。レンジャーを分銅代わりにする方法ならば、誤差はレンジャー1人分の体重の範囲内に収まるはずである。もし、印のテープよりもいかだが浮いていたら、その時のレンジャーの体重の合計より、象の体重の方が大きいことになる。そこで、もう1人レンジャーがいかだに乗ってテープの印よりもいかだが沈んだら、その時のレンジャーの体重の合計よりも、象の体重の方が小さい。つまり、象の体重は、2つの場合のレンジャーの体重の合計の間にある、ということが分かる。

　実際に大実験を行った結果、いかだが象の場合と同じくらい沈んだとき、レンジャーの人数は54人だった。そこで、彼らの体重の合計を調べてみると、3,295kgとなった。象でも量れる体重計でこっそり測定した象の体重3,263kgと比べてみると、その差は32kg、誤差およそ1％という精度で測定できた。

アルキメデスの原理

Column

古代ギリシアの国王が、あるとき、金細工職人に金塊を渡して王冠を作らせた。ところが、その職人が、王冠に金よりも軽い混ぜ物をしてごまかし、金の一部を盗んだという疑いが生じた。そこで、国王は、王冠を壊すことなく真偽を確かめるようアルキメデスに命じた。アルキメデスは、風呂に浸かった際にあふれ出る湯を見て、「浮力の大きさは、水中の物体がおしのけた水にはたらく重力に等しい」という「アルキメデスの原理」の着想を得たというエピソードがある。

もし、混ぜ物をしていなければ、どんなに形を変えても全体の体積は変わらない。つまり、最初に国王から渡されたのと同量の金塊と王冠を天秤に吊るして水中に沈めても、天秤はつり合ったままになる。しかし、もし金よりも軽い混ぜ物をして、同じ重さにしていれば、王冠の体積の方が大きくなっているはずである。つまり、水中に沈めたら、王冠の方により大きな浮力がはたらくので、王冠が上がるのだ。

水よりも浮きやすい塩水

Column

浮力は水以外のもの、例えば空気や塩水などの中でもはたらく。正確には、浮力の大きさは、「おしのけた体積分の"流体"にはたらく重力と等しい」ということになる。

同じ体積で比較すると、塩が溶けている分、水よりも塩水の方が重い。つまり、塩水の中の方が水中よりも大きな浮力がはたらくことになる。このことは簡単な実験で確かめることができる。水を入れたコップに生卵を入れてみよう。すると卵は沈む。ここに塩を加えて混ぜていくと、やがて卵が浮かび上がる。プールよりも海の方が、体が浮きやすいという体験をしたことがあるかもしれない。これも、塩分を含む海水中の方がより大きな浮力がはたらくためだ。

地球上には、海よりももっと塩分濃度が高く、大きな浮力がはたらくことで有名な場所がある。それは、アラビア半島にある死海だ。海水の塩分濃度は約3%だが、死海の場合は約30%と非常に高く、その分大きな浮力がはたらくのだ。

penin/123RF

小科学実験に挑戦!

「魚で釣り」に挑戦!

【用意するもの】
表面に凹凸がない500mlの炭酸用ペットボトル、魚形の醤油さし、ナット、自在針金、コップ、梱包用のポリプロピレンバンド(半分の幅で小さな輪を作り、ステープラで4回くらいとめる)4つくらい

【作り方】
1. 醤油さしの口の部分にナットをはめ、自在針金でフックをつける。
2. 水を入れたコップに1を入れる。醤油さしの中の水の量を調整して魚のしっぽの先端を少しだけ水面から出す。
3. ボトルに水を入れ、2とポリプロピレンバンドの輪を入れる。空気が残らないように水で満タンにして、ふたを固く閉める。

【実験のやり方】
ボトルを押すと、浮いている魚が沈み、手をはなすと浮き上がる。フックで輪っかを釣り上げる。

どうして?

ボトルを押すと水圧が上がり、魚の中に水が入って魚の中の空気の体積が減ることで浮力が小さくなるため、魚は沈みます。反対に、ボトルから手を放すと水圧が下がるので、浮力が再び大きくなって浮き上がります。
※輪っかに気泡がついて浮いてしまうときは、ステープラの数を増やそう。

実験07

水深10000m！？

過酷な環境への挑戦

　人類はあらゆる環境にチャレンジし続けてきた。マイナス80℃を下回る南極から50℃を超す砂漠まで、さらには標高8,800mを超える山を制覇するなど地球上のあらゆる場所へ赴いてきた。そればかりか、空気も水もない宇宙空間へと飛び出して月にまで到達した。ある者は体を鍛え、またある者は技術の粋を凝らして安全に旅ができる乗り物をつくり出してきた。深海もまた例外ではない。水深10,000mの世界を再現したら、どうなるのだろう？　──答えは、やってみなくちゃわからない！

【仮説を立てる】
空気がつまったものを水中深くに沈めたら、縮むのではないか？

発泡スチロールを水中深く沈めると、だんだん小さくなっていく。水圧を利用すれば、他のものでも縮めることができるのでは？

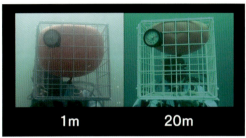

【予備実験】
空気を入れた風船を海に沈めたら、深ければ深いほどたくさん縮んだ。

発泡スチロールではなく風船をもって海に潜ると、水深が増すにつれて風船が縮んだ。かたい鉄でできたものだとどうなるのだろう？

【大実験】
頑丈な鉄製のバイクでも、水深10,000mではぺちゃんこに押しつぶされた！

鉄のバイクに水深10,000mと同じ圧力を加えたら、ハンドルやエンジンなどはつぶれたが、中に水が入っていた燃料タンクは無事だった。

深海の水圧を再現したら？
「水圧」＝水による圧力

　プールや海で深く潜るほど胸が圧迫され、息苦しく感じた経験があるかもしれない。これは周りの水による「水圧」のしわざだ。深海の水圧を再現したらどうなるのだろう？

　同じ体重の人に踏まれたとしても、スニーカーで踏まれた場合とピンヒールで踏まれた場合では痛さがまったく違う。これは、踏まれた足の一定の面積あたりに加わる力の大きさが異なるためである。この「一定の面積あたりにはたらく力」のことを「圧力」という。特に、力を加えるものが大気の場合には「大気圧」、水の場合には「水圧」と呼ぶ。ここでは、水による圧力：水圧に着目してみることにしよう。

水圧は、水深に比例する

プールや海で潜ったことがあれば、深く潜れば潜るほど苦しくなるという体験をしたのではないだろうか。これは、水深が深いほど水圧が大きくなるために、肺が圧迫されるからだ。水深と水圧の関係について、考えてみよう。

1m²の面に1Nの力がはたらいているとき、その圧力は1Pa（パスカル）という。圧力の大きさは、次のような式で求めることができる。

「圧力」＝「力」÷「面積」

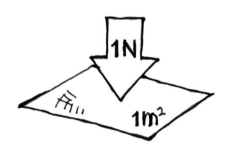

この式から、同じ大きさの力を加えた場合には、力を受ける面積が小さいほど圧力は大きいことが分かる。また、同じ面で考えた時には、加える力が大きいほど、圧力が大きくなることもわかる。

では、水に潜ってみることにしよう。水深が深くなればなるほど物体の上にある水の量は多くなるので、その分、その水にはたらく重力も大きくなる。この重力が物体の面に加わるため、水深が深いほど水圧は大きくなるのだ。

例えば、1辺が1cmの立方体を1mの深さに沈めたとする。この物体の断面積は1cm²であるから、物体の上にある1mの高さの水の柱の体積は100cm³となる。この量の水の質量は100gである。1気圧のもとでは、1cm²の面には1kg分の重力が加わるので、水深1mでは水圧は0.1気圧増えるということがわかる。こうして、深さが10m増すごとに水圧は1気圧ずつ増えていくことになる。つまり、水深10mでの水圧は、水面での水圧の2倍となる。

そして、物体の形状によらず、圧力は物体の面に対して垂直方向にはたらくという性質があるので、水に潜ると全身が水によって押し縮められる。だから、深く潜るほど息苦しくなっていくし、水に深く潜る際には「耳抜き」をしないと、体の内側と外側の圧力差が大きくなり過ぎて耳を傷めてしまうことがあるのだ。

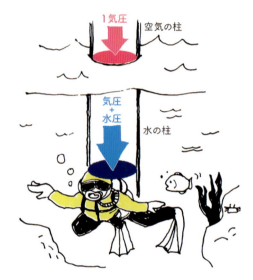

ボンベなどを使わずに潜水するフリーダイビングというスポーツがあり、100m近く潜ることができる選手もいる。100mの深さでの水圧は、水面よりも10気圧も増えることになるので、体にかかる負荷はとても大きい。しかし、この競技の選手は、日ごろから横隔膜をやわらかくするトレーニングを積み重ねることで、大きな水圧のもとでも内臓が損傷を受けずにいられるのだ。

わずか100mほどの深さでも、人間とっては過酷極まりない。まして、水深何千m、あるいは10,000mともなれば想像を絶する世界だ。そんな深海という過酷な環境で何が起こるのかを知るための装置が、今回番組でも活躍した海洋研究開発機構の実験タンクだ。深海の探査に使う装置などをテストするために作られたもので、この実験タンクでのテストをクリアした装置だけが、本物の深海へと旅立つことが許されるのだ。

1．鉄製のバイクの模型を水深10,000mまで沈めるとどうなるのか？

2．特別な機械でバイクに水深と同等の水圧をかけていくことに。

3．エンジンやタイヤ部分がつぶれているのがわかる。

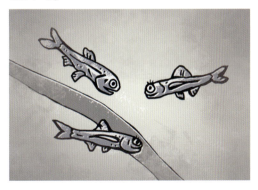

4．沈める前のバイクとの比較。燃料タンクは内部に水が入っていたため、そのままの形を保っている。

中が空洞だとつぶれやすい

　番組ではまず、空気でふくらませた風船を持って海に潜った。すると、水深1mでは少しだけ縮んだ風船が、水深20mでは大きくつぶれる様子が確認できた。次に、海洋研究開発機構にある装置を使って、水深10,000mの水圧を再現し、鉄製のバイクがどうなるかを確かめた。

　その結果、タイヤやエンジンなどが次々とつぶれていったにもかかわらず、燃料タンクだけはつぶれなかった。その原因を探ってみると、燃料タンクのネジの隙間からタンク内に水が入っていたことが明らかになった。バイクと一緒に、水で満たした風船も水深10,000mと等しい水圧にさらしてみたところ、風船はつぶれなかった。

　中が水で満たされているものは、内側と外側から等しい水圧が加わるため、深く潜ってもつぶれることはないのだ。一方、内側が空洞のものは外側からの水圧の方が大きくなると、簡単につぶれてしまう。

　鉄製のバイクすら押しつぶしてしまうほど深海の水圧は大きいが、そんな環境にも生物はいる。水圧が非常に大きな深海で暮らす生き物たちは、大きな水圧のもとでも生きていけるからだを持っている。あるものは、浮袋の中を気体ではなく油で満たしている。またあるものは、そもそも浮袋を持たずに体の中に油をためて浮力をかせいでいる。他にも、大きな水圧に耐えられるような、特別に強いたんぱく質でできたからだを持つものなどがいる。

「沖縄美ら海水族館」の巨大水槽

Column

　沖縄県にある美ら海水族館の目玉は、なんといっても「黒潮の海」と呼ばれる巨大水槽だろう。高さ8.2m、幅22.5mもの巨大な水槽の中を、体長10m近いジンベイザメなど黒潮の魚たちが悠々と泳ぐ姿を見ることができる。中でも、ジンベイザメが直立してエサを食べる様子が見られるエサやりの時間は圧巻だ。

　この水槽にはおよそ7,500トンもの水が入っており、アクリルパネルが膨大な水圧に耐えている。この巨大水槽に使われているアクリルパネルは、十数枚のパネルを貼り合わせて厚さ60cmにしているにもかかわらず、近くで見ても継ぎ目を一切感じさせない。この透明度は、特殊な接着剤を使うことで実現されている。この、まるで1枚板のような巨大アクリル水槽を実現させた日本の技術は、ドバイショッピングモール内にあるドバイ水族館の「水の壁・アクアウォール」や中国のチャイムロングオーシャンキングダムなどの世界最大級の巨大水槽にも用いられている。

有人潜水調査船「しんかい6500」

Column

　日本の海洋研究開発機構が所有する「しんかい6500」は、6,500mの深さまで潜ることができる、世界でも数隻しかない有人潜水調査船だ。1989年に完成して以来、世界の様々な海で調査を行ってきており、2017年現在、1,500回を超える潜航を達成している。

　この調査船は、1cm^{2}に680kg分もの力がはたらく深海まで、3名の乗組員を安全に運ぶことができるように、耐圧殻（たいあつこく）という球体のコックピットを備えている。コックピットには、厚さ138mmの樹脂でできたのぞき窓がついていて、乗組員が直接深海の様子を観察できることが特徴だ。

　「地球内部の動きをとらえる」、「生物の進化を解明する」、「深海生物の利用と保全」、「熱・物質循環を解明する」といった多くの使命を帯びており、2009年にはスケーリーフットという奇妙な巻貝の大群集を発見したり、2011年に東北地方太平洋沖地震の震源海域で大きな亀裂を確認したりしている。

小科学実験に挑戦！

沈まない船を作ろう

【用意するもの】
アルミホイル（15cm四方）、10円玉たくさん、水をはった水槽などの容器

【実験のやり方】
1. アルミホイルで好きな形の船をつくる。
2. 洗面器に1を浮かべ、10円玉を何個までのせられるか試す。

どうして？

水より密度の大きいアルミニウムの塊は水に沈みます。しかし、船の形にすると大きな浮力を受けるので水に浮くことができます。10円玉をのせると、その重みで船の形が変わり、浮力の受け方も変わります。船が水面下に沈むほど、浮力は大きくなっていき、**『船の重さ＋10円玉の重さ＞浮力』** となったところで船は沈んでしまいます。使えるアルミホイルの大きさは一定ですから、船の重さは一定です。あとは、形を工夫して、どれだけ浮力を得られるかがカギとなります。

実験 08

コップは力持ち

コップの新たな使い方？

　コップとは、水やジュースなどの飲み物を入れるための容器である。その素材は、ガラスやプラスチック、紙など多岐にわたる。食器としての用途以外にも、糸電話など色々な工作の材料として使われたり、あるいは異なる量の水を入れたガラスのコップをたくさん並べて楽器として利用するなど、様々な使い方が知られている。そんなコップは、果たして重い力士を吊るすための道具として使えるのだろうか？　──答えは、やってみなくちゃわからない！

【仮説を立てる】
水を入れたコップにふたをして逆さまにし、重い物を吊るせるのではないか？

水を入れたコップに紙でふたをして逆さまにしても、ふたは外れない。この原理を使えば、重い物をぶら下げることも可能なのでは？

【予備実験】
直径10cmのコップとゴムのふたで試したら、47kgまで耐えることができた。

直径10cmのコップに、水に強く重さにも耐えられるゴムのふたをしておもりをさげていったところ、47kgでふたが外れてしまった。

【大実験】
特注の直径16cmのコップを使ったら、力士を吊るすことに成功！

力士とハーネスなどの装置、合わせて130kgを支えるために、直径16cmの大きなコップを作り実験したところ、見事力士が宙に浮いた！

何が紙を押さえているのか？
押さえているのは空気

　コップを水で満たし、厚紙を乗せて一気にひっくり返すと、紙はコップから離れず、コップの水はこぼれない。いったい何が紙を押さえているのだろう？

　コップの中の水にも、紙にも、下向きに重力がはたらいているはずだ。それにも関わらず、紙が落ちないということは、何かが紙を上向きに支えていることになる。

　磁力や静電気力、万有引力の場合を除けば、力を及ぼすのは触れているものである。この場合、紙に触れているものと言えば……そう、空気だ。でも大実験では支えていたのは力士と装置一式、合わせて130kgだった。いくら大きなコップを使ったとはいえ、空気だけでそんな重いものを支えることが可能なのだろうか？

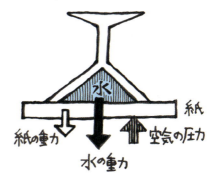

1 気圧は、どのくらいの力を及ぼせるのか？

大気による圧力のことを「大気圧」と言う。我々が普段生活している空間の大気圧はおよそ1気圧だが、そう言われても、それがどの程度の大きさなのかはピンと来ないかもしれない。そこで、もう少し詳しく考えてみることにしよう。

$1m^2$ の面に1Nの力が加わっているときの圧力の大きさを1Pa（パスカル）という。気象予報などで、〔hPa〕：ヘクトパスカルという単位を耳にしたことはないだろうか？「ヘクト(h)」というのは、〔ha〕：ヘクタールなどの単位に用いられる、100倍を表す接頭語だ。つまり、1hPaというのは、100Paということである。

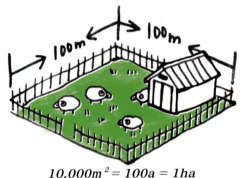

$10,000m^2 = 100a = 1ha$

さて、気圧とhPaとの間には、

$$1 〔気圧〕 = 1,013 〔hPa〕$$

という関係がある。つまり、1〔気圧〕= 101,300〔Pa〕ということである。これは、1m^2 の面に101,300Nの力がかかっていることになるが、数値が大きすぎて、今一つピンとこないかもしれない。

そこで、1気圧のもとで1cm^2 の面にはどの程度の力がはたらいているのかを考えてみることにしよう。

1mは100cmであるから、

$$1 〔m^2〕 = 10,000 〔cm^2〕$$

つまり、1m^2 の面に101,300Nの力がはたらくということは、1cm^2 あたりだと10.13Nの力がはたらいているということになる。10Nというのは、1kgのものにはたらく重力と同程度であるから、1気圧というのは、1cm^2 の面に1kgのものがのっているくらいの力を及ぼすことがわかった。

番組では、はじめに直径10cmのコップを使っていた。この場合、コップの口の面積は、約300cm^2 なので、空気が及ぼす力は約3,000N、300kg分の重力と同程度ということになる。しかし実際には、ふたの強度などの兼ね合いもあり、47kgのおもりを吊るしたところでふたは外れてしまった。

次に試したのは、直径14cmのコップだ。このコップの口の面積は約600cm^2。吊るせたおもりは102kgであった。この2つの実験結果から、コップの口の面積が約2倍になると、吊るせる重さも約2倍になると考えられた。

このことを踏まえて用意した特注のコップは、直径16cm。その面積は約800cm^2。力士と装置、合わせて130kgを吊るしても十分に耐えることができた。

1. 果たしてコップで体重120kgの力士を持ち上げることは可能なのだろうか?

2. 今回は特別に直径16cmのコップを制作した。

3. 力士登場!さすがに立派な体だ!

4. 力士と装置を合わせて約130kgだったが、見事に持ち上げることに成功した。

標高が高いほど、大気圧は小さくなる

富士山などの高い山に登ると、標高が上がるにつれて耳が痛くなったり、地上で購入したポテトチップスの袋がパンパンに膨らんだりする。これは、周りの大気圧が小さくなったためである。どうして標高が高くなるにつれて大気圧が変化するのだろうか?

その謎に迫るためには、地球をとりまく大気に目を向ける必要がある。地球上にある物体の上には、大気の柱がのっている。日ごろ空気の重さなど感じないけれど、空気も物であるから、重さがある。この大気の柱の重さこそ、大気圧の正体である。標高が低いところと高いところでは、大気の柱の長さが変わるので、それにともなってその重さも変化する。高いところほど、大気の柱は短くなるため、その重さ、すなわち大気圧も小さくなるのだ。

具体的には、標高が10m高くなるごとに、大気圧はおよそ1hPaずつ小さくなっていく。そ

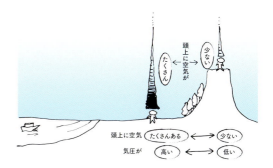

のため、高い山に登ると体感的にわかるほど大気圧が下がるのだ。

「気圧」という言葉をよく耳にするのは、おそらく気象予報だろう。「高気圧に覆われているので晴天」、「低気圧が近づいてきたので天気がぐずつく」などというようなフレーズを聞いたことがあるのではないだろうか。この「高気圧」や「低気圧」というのは周囲にくらべた気圧の高低を意味しており、具体的に何hPa以上だと高気圧、というような定義があるわけではない。

トリチェリの発見

Column

　古くから、経験的に10m以上の深い井戸から直接水を吸い上げることができないということは知られていた。このことについて科学的な説明ができる実験を行った人物がいる。イタリアのエヴァンジェリスタ・トリチェリという人物だ。

　彼は、1643年、片方を閉じたガラス管を、水よりも重い水銀で満たし、そのガラス管を水銀の入った容器に逆さまに立てると、760mmの高さで止まり、その上の空間は真空となることを発見した。

　これは、重力によって下に落ちようとする水銀と、周囲の大気とが押し合い、つり合っているためである。水と水銀の密度の比は約1:14であり、水の場合の高さ約10mと水銀の場合の高さ760mmの比が約14:1であることを矛盾なく説明することができた。この実験から、1気圧は760mmHg（ミリメートル水銀柱）と表されることもある。また、トリチェリは、この業績によって、圧力の単位〔Torr〕：トルにその名を残している。

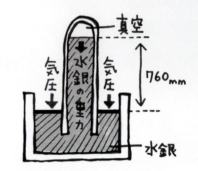

吸盤がくっつくのも大気圧のおかげ

Column

　のりや接着剤を使わなくても、壁面などにはりつけることのできる吸盤は便利な道具だ。この吸盤がくっつくのも、大気圧のおかげである。吸盤を壁に押しつけると、吸盤と壁との間の空気が押し出される。すると、吸盤は外側からだけ大気圧によって押されることになるので、はずれなくなるのだ。吸盤がくっつくためには、吸盤と壁面の間に空気が入らないことが肝心だ。だから、凹凸のあるような面にはくっつかないし、吸盤の端を少し持ち上げただけでも空気が入ってしまえば簡単にはずれてしまう。

　身近に大気圧を感じる場面は、ほかにもある。例えば、ストローで飲み物を吸い上げるのにも大気圧は関わっている。ストローの中の空気を吸い出すと、周りの大気に押された飲み物が、より気圧の低いストローの中へと押し出されてくるのだ。ほかにも、布団圧縮袋は、布団を入れた袋の空気を掃除機などで吸い出していくと、周りから大気圧がかかるのでつぶれていくのだ。

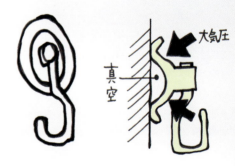

小科学実験に挑戦!

外れないトランプ

【用意するもの】
プラスチックトランプ、ビニールテープ、おしぼり

【実験のやり方】

1. プラスチックトランプにビニールテープで取っ手をつくる。
2. おしぼりでトランプのホコリを拭き取り、テーブルの上などツルツルな面の上にのせて、取っ手を垂直に引っ張っても、トランプはなかなかはずれない。
3. 2枚のトランプを向かい合わせて、水平に引っ張っても、2枚のトランプはなかなかはずれない。

どうして？

のりもテープも使っていないのにトランプがはずれないのは、トランプのまわりから空気が押しているからです。トランプとテーブルの間、あるいはトランプ同士の間にあった空気を逃がしてしまうと、周りの空気から押されるだけになるため、トランプは外れにくくなります。しかし、わずかでもすき間ができると、トランプの両側から空気が押し合うため、すぐにはずれてしまいます。

※トランプの代わりに下敷きを使うと、面積が大きくなる分、はずれにくさをより実感することができます。強力なテープで取っ手を作ってやってみましょう。

実験09

太陽で料理しよう

エコな加熱調理方法

　生のままでは食べることのできない食材を煮たり、焼いたり……と加熱して食べられるようにする「調理」は有史以前から行われてきた。中でも、加熱するために、たき火や炭火など火を使うという方法は最も古くから行われてきたものである。時代が進むにつれて、トースターや電子レンジ、ＩＨ調理器といった電気を使う方法も普及してきた。では、もっとエコに、太陽の光を直接使って料理することはできるのだろうか？　──答えは、やってみなくちゃわからない！

【仮説を立てる】
たくさんの鏡で太陽の光を集めたら料理ができるのではないか？

黒い紙に、たくさんの鏡を使って太陽の光を集めると紙を燃やすことができる。この方法を使えば、料理もできるのではないだろうか。

【予備実験】
鏡の枚数を増やしていくと、光が集まった部分の温度を上げることができた！

5枚の鏡で光を集めたら、52.6℃だった。そこで鏡を120枚に増やしたところ、光が集まった部分の温度を100℃まで上げることができた。

【大実験】
太陽の動きを追いかけながら料理に挑戦！ステーキを焼くのに使った鏡は500枚！

時間とともに動く太陽に合わせて鏡の角度を変えていき、蒸し野菜が完成。ステーキはなかなか焼けなかったので、鏡を500枚に増やした。

太陽光で料理をするためには……
太陽光はものを温める

　ステーキを焼いたり、野菜を蒸したりするためには、食材を加熱しなければならない。太陽光で料理をするためには、どうしたらよいのだろう？
　太陽光には、ヒトの目に見える「可視光」と呼ばれる光のほかに、ヒトの目には見えない「赤外線」や「紫外線」という光も含まれている。このうち赤外線には、ものを温めるはたらきがある。
　しかし、太陽光が当たっているひなたに食材を置いたとしても、野菜を蒸したりステーキを焼いたりといった加熱調理が行えるほど温度が上がることはない。太陽光で料理するためには、何か工夫をして赤外線を効率よく集める必要がある。

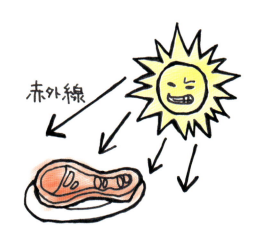

たくさんの鏡で反射させた光を1点に集める

太陽光を集めるために、まずは光の性質について考えてみよう。光を物体に当てると、物体で遮られた部分に影ができる。光を当てる位置を動かしていくと、それにともなって影の位置も動いていく。これらのことから、光はまっすぐ進むことがわかる。もし光がまっすぐ進まないならば、障害物で遮られた部分にも光が届くはずだからである。

このように直進する性質を持つ光の進路を変える方法はいくつかあるが、例えば鏡などを使って光を反射するという方法がある。鏡などにあたった光は、入射角と等しい反射角ではね返るため、鏡に当てる光の角度を調節することで光の行き先をコントロールできるのだ。

1枚の鏡で反射した光は、その鏡の範囲に当たっていた分の光だ。つまり、大きな鏡で光を反射させれば、それだけ多くの光を届けることができるのだ。それを実感できるのが、北イタリアのヴィガネッラ村だ。この村は、アルプス山脈の山々に囲まれた谷底の村で、毎年冬になると11月から2月にかけて約80日の間、太陽が山に隠れてしまい太陽の光が届かない。そこで2006年11月、山腹に高さ5m、幅8mの巨大な鏡が設置された。この鏡はコンピュータで制御されており、自動的に太陽の動きを追うようになっている。この鏡のおかげでヴィガネッラ村の中央広場には、最大で1日8時間、太陽光が届くようになった。

しかし、このように巨大な鏡を用意することは容易ではない。そこで、もうひとつの方法として、たくさんの鏡を使って光を1点に集めるという方法が考えられる。この方法なら、小さな鏡でも多くの光を集めることができるのは古くから知られており、古代ギリシアのアルキメデスが海岸にたくさんの鏡を並べて太陽の光を敵の船に集め、火災を起こして撃退したという伝説があるほどだ。

番組で5枚の鏡を使って光を集めたところ、その点の温度は52.6℃になった。次に鏡を120枚に増やし、反射した光が1点に集まるよう円形に並べて再び試したところ光が集まる点の温度は100℃となったので、その点にフライパンを設置し、12分ほどかけて蒸し野菜を作っていた。次にステーキを焼こうとしたのだが、5分経過してもほとんど生のままであった。そこでさらに鏡を増やし、500枚の鏡を使って光を集めることで、300℃以上もの温度にすることができ、無事にステーキを焼くことに成功していた。

太陽の位置は時間とともに動いていくので、鏡の角度を変え続けなければなければならなかったり、曇ってしまうと料理ができなくなってしまったりはするものの、太陽の光を上手に集めれば、本格的な料理もできることがわかった。

このような調理方法は「ソーラークッキング」と呼ばれる。世界では多くの人々が薪を燃やして調理をしており、森林資源の減少や薪集めの労働などの諸問題を抱えている地域も少なくない。そういった所で手軽に、そしてエコに調理ができる方法として注目されている。

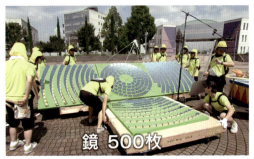
1．500枚の鏡でステーキを焼くことに。

2．鏡で集められた光で300℃以上もの温度に達した。

3．少しずつ肉が焼けてきた！

4．完成！

熱を伝える3つの方法

　調理をするためには、熱源からフライパンなどに熱を伝えなければならない。熱を伝えるには「熱伝導」「対流」「熱放射」という3つの方法がある。「熱伝導」というのは、高温のものと低温のものとを接触させることで、直接熱が伝わる方法だ。例えば、番組で高温のフライパンの上の肉に熱が伝わって焼けたのは、この熱伝導による。

　熱の伝わりやすさは「熱伝導率」という値で表され、数値が大きいほど熱が伝わりやすいという指標になる。一般に、気体よりも液体、液体よりも固体の方が熱伝導率が大きい、つまり熱が伝わりやすい。

　逆に考えれば、気体は熱が伝わりにくいということになる。このことを利用して温度変化を少なくするために用いられるのが、「断熱材」だ。空気をたくさん含んだダウンジャケットも、住宅用の二重サッシも、空気が熱を伝えにくいことを利用している。

　「対流」というのは、水や空気などの「流体」の流れに乗って熱が伝わる方法だ。番組で、温められた水蒸気によって野菜が加熱されたのが、この対流にあたる。そうめんを茹でるときにかき混ぜずに見ていると、麺が渦を巻くように動く様子からお湯の対流を実感することができる。

　暖房や冷房を使うときには、室内の気温をできるだけ均一にしたい。そこで、扇風機やサーキュレータなどを使って室内の空気を動かすことで対流を生み出すと、より効率的に室温を一定にすることができ、省エネにもつながる。

　「熱放射」というのは、光の仲間である電磁波によって熱が伝わる方法だ。番組で、地球とは遠く離れた太陽から熱が届いたのが、この熱放射にあたる。

聖火をつける方法

Column

　オリンピックは、古代ギリシアのオリンピアの祭典をもとに、4年に一度開催される世界的なスポーツの祭典である。大会自体はもちろんのことながら、壮大な開会式や閉会式も注目を集める。中でも、オリンピアから開催地まで運ばれていく聖火のリレーは、スポーツの祭典であると同時に平和の祭典でもあるオリンピックの象徴となっている。ではこの聖火、どのようにして灯されるのだろう？

　聖火は、オリンピアで「採火」されるのだが、この際に用いられるのが、凹面鏡だ。凹面鏡に太陽光を当てると、ある1点に光が集まり、その点が非常に熱くなる。採火の儀式では、「炉の女神ヘスティアー」を祀る11人の巫女が、太陽光が集まる点にトーチをかざして火を灯すのだ。

　その後、多くの人々のリレーによって開催地まで運ばれた聖火は開会式で聖火台に灯され、閉会式で消灯されるまでの開催期間中ずっと燃え続ける。

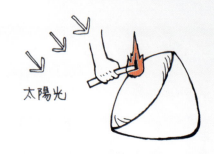

太陽炉

Column

　イギリスのロンドンに建てられた高層ビルは、湾曲した壁面を持っていたために、悲劇を招いてしまった。ある晴れた日に、太陽光がさんさんとこのビルに降り注いだ。すると、ビルの窓ガラスが巨大な凹面鏡となり、太陽の光を集めてしまったのだ。運悪く、その場所に停まっていた車のボディーやサイドミラーは熱によってとけ、ゆがんでしまった。

　同様の事故はアメリカでも起こっている。やはり湾曲した壁面を持つラスベガスの高層ホテルに強い日差しが反射してプールに降り注ぎ、そこにあったビニール袋がとけるなどの被害を出した。

　一方で、このように非常に大きなエネルギーを持っている太陽光は、科学の研究にも役立っている。スイスとの国境に近いフランス・サヴォア県にあるフランス国立太陽エネルギー研究所は、直径約50mの反射鏡で太陽の光を集め、3,000℃を超える高温をつくり出すことができる施設だ。

infini00000000/123RF

小科学実験に挑戦！

ソーラークッカーを作ってみよう

【用意するもの】
ホット飲料用紙コップ、アルミホイル（25cm四方）、綿、チャック付き袋、ウズラの卵、小さな磁石2つ、気泡緩衝材、ブックスタンド、ビニールテープ

【作り方】
1. 紙コップの内側に綿を詰めてからアルミホイルを敷き、形を凹面鏡のように整える。
2. コップの外側を緩衝材で覆う。
3. チャック付きの袋にウズラの卵を割り入れ、光がいちばん集まる位置に卵がくるように、袋を磁石で固定する。

【実験のやり方】
晴れた日の昼間に、コップの影がいちばん小さくなる向きにして、コップをブックスタンドに固定する。5〜30分くらい放置して、卵の変化を観察する。

どうして？

凹面鏡のようなアルミホイルによって太陽光が1点に集められ、温度が上昇します。そこにウズラの卵を置くことで卵が加熱されたのです。また、アルミホイルと紙コップの間に綿を入れ、コップを緩衝材で覆うことで断熱効果が高まり、熱が逃げにくくなります。

※冬は太陽光がよく入る気温の高い室内などで実験してみましょう。
※太陽を直接見ないように、コップの影で太陽の位置を確認しましょう。

実験10

氷でたき火

光を集めて火をつける！

　人間と他の動物との大きな違いは、火を利用することである。大昔には、落雷などによる森林火災の燃え残りなど偶発的に生じた火種を得てきた人間は、やがて自力で火を起こす方法を獲得していった。まいぎりなど摩擦熱を利用する方法や、火打石による火花を利用する方法に加え、レンズで光を集める方法も生み出された。では、ガラスのレンズではなく、冷たい氷を使って火をつけることはできるのだろうか？　——答えは、やってみなくちゃわからない！

【仮説を立てる】

冷たい氷でも、虫めがねと同じ形にしたら火を起こせるのではないか？

虫めがねで光を集めると黒い紙を燃やすことができる。透明な氷でも同じような形にすれば、火をつけることができるのでは？

【予備実験】

氷を削ってレンズの形を再現したが、氷にひびが入ってしまった！

200kgの氷をひなたで削り出し、レンズを作った。太陽光に当てると、氷の内側にたくさんの細かいひびが入ってしまった。

【大実験】

予備の氷で再挑戦！ 氷のレンズで集めた太陽光で火をつけられた！

できるだけひびが入らないよう、日かげでレンズを作り直し再挑戦！ 今度は氷のレンズで太陽光を集めて火をおこすことに成功した！

虫めがねを使わずに太陽光で火をつけるには……
光は直進する

　虫めがねで太陽光を集めて、新聞紙の黒い文字を焦がしたことがあるかもしれない。では、虫めがねが無くても太陽光で火をつけることはできるのだろうか？

　フレキシブル・ストローをまっすぐに伸ばして穴をのぞいてみると、向こう側が見える。ところが、ストローを曲げてしまうと、向こう側は見えなくなる。当たり前と思うだろうか？　でも、水は曲げたストローを通り抜けられる。水と光は何が違うのだろう？　光には、「直進する」性質があるのだ。

凸レンズを通った平行光線は屈折して1点に集まる

直進する性質を持つ光の進路を変える方法はいくつかあるが、例えば透明なおはじきを使う、という方法がある。LEDライトをストローに取り付けて点灯すると、光が細く出てくる。この光をおはじきに真横から当てて、当てる位置を少しずつずらしていくと、おはじきから出てきた光が曲がる様子が確認できる。直進した光がおはじきによって曲げられたのだ。もう少し詳しく見てみると、光が曲がるのはおはじきに入る境界と、おはじきから出る境界であることがわかる。空気とガラスのように2種類の異なる物質の境界で光が曲がる現象を「屈折」と呼ぶ。屈折と言う現象は、空気とガラスの組み合わせ以外でも、例えば空気と水の境界、油と水の境界などで起こる。

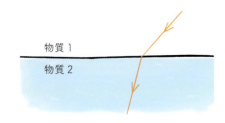

光を曲げるために必要なのは境界であるから、図のように必要な部分だけを抜き出しても同じように光を曲げることができる。このようにしてできた、中央付近がふくらんだ形状をしているのが「凸レンズ」である。「レンズ」という名称は、凸レンズの形が、レンズマメの種子の形に似ていることからつけられた。

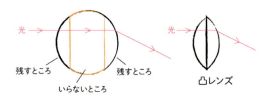

レンズには、凸レンズのほかに、中央付近が凹んだ形状の「凹レンズ」もあるが、ここでは凸レンズについて詳しく見てみよう。

凸レンズに平行な光を当ててみると、レンズの反対側のある1点に光が集まる様子が確認できる。この点に黒い紙をおくと焦げることから、この点は「焦点」と呼ばれる。

ものが燃えるには、「燃えるもの」「酸素」「熱源」の3つの要素が必要だ。このいずれが欠けても火は消えてしまう。燃えるものには、それ以上の温度になると火がつく「発火点」という温度があり、その温度を超えるまで加熱できる熱源も必要なのだ。凸レンズで火をつける場合、酸素が十分にある条件のもとで、焦点に燃えるものを置き、発火点を超える温度まで加熱することができればよい。

太陽光には、ヒトの目に見える「可視光」と呼ばれる光以外に、ヒトの目には見えない「紫外線」や「赤外線」という光も含まれている。ものを温めるはたらきを持つのは「赤外線」だ。凸レンズは赤外線も集めることができるので、その点は高温になる。だから、そこに燃えやすいものをおいておけば着火することができるのだ。

凸レンズと同様に光を1点に集めることができる道具に凹面鏡がある。

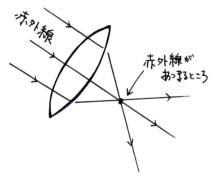

番組では、透明な氷をレンズの形に削り出して太陽光を集めていた。氷が凸レンズとして使えるかどうかは、次の3つの条件を満たすかどうかで判断できる。それは「光を通すこと」、「空気とは屈折率が異なる物質であること」、そして「球の一部分の曲面を有していること」だ。

1．ひなたで氷を削ったところ、ヒビが入って失敗。

2．ヒビが入らないように、日かげで氷を削る。

3．レンズと同じ形に氷を削り出した。

4．氷のレンズで火を起こすことに成功した！

氷も凸レンズになる

　そもそも光が通らなければ、光を集めることはできない。だから、細かなひびが入って透明でなくなってしまった氷では、実験はうまくいかなかった。これは、太陽の光が降り注ぐひなたで削り出しを行ったためだと考えられた。そこで、日かげで作業を行ったところ、ひびのない透明な氷のレンズを作ることに成功していた。同様の実験を行おうとしても、家庭用の冷凍庫で水を凍らせると真ん中が白く濁ってしまい、透明な氷をつくることは難しい。これは、－20℃程度の温度で急激に水が凍ることで、水の中に溶け込んでいた空気などが氷に閉じ込められてしまうからである。　一方、つららなどは、外気で冷やされてゆっくりと凍っていくので空気などが閉じ込められることが少なく、透明であることが多いのだ。これらのことをふまえ、水道水をいったん沸騰させて空気を追い出した水を使ったり、発泡スチロールなど断熱性のある容器を使ってゆっくり冷えるようにするなどの工夫をすると、家庭用の冷凍庫でも透明な氷を作ることができる。

　2つめの条件にある「屈折率」というのは、物質中での光の進み方を表す上での指標で、真空を1として表す。例えば空気の屈折率は約1、水は約1.3、ガラスは約1.5というように表され、屈折率が等しい2つの物質の境界では屈折は起こらずに光は直進する。光を集めるためには、屈折させる必要があるので、空気とは異なる屈折率の物質でなければならない。氷の屈折率は約1.3で空気とは異なるため、条件を満たしている。

　そして最後に、凸レンズは球面あるいは球の一部の曲面を持っていることも大切だ。番組ではノミを使って巨大な氷のかたまりから凸レンズの形を削り出していた。

　以上のように、透明な氷で作られた氷の凸レンズは、3つすべての条件を満たしていたので、氷でも太陽光を集めることができたのだ。

金魚鉢で火事!?

Column

　身の周りの意外なものが凸レンズのはたらきをすることがある。水の入った金魚鉢もそのひとつだ。金魚鉢にあたった光が1点に集まり、たまたまそこに燃えやすいものが置いてあると、火事になることがある。このような火事は「収斂火災」と呼ばれる。水の入ったペットボトルや水晶玉、花瓶、窓に貼り付けた透明な吸盤なども凸レンズとしてはたらき、光を集めてしまうことがある。また、凹面鏡で反射した光によっても火災が起こる恐れがある。

　特に太陽高度が低くなる冬には、太陽光が部屋の奥まで届きやすく、思わぬところから火が出ることがある。さらに冬場は空気が乾燥しがちで、燃え広がりやすいので注意が必要だ。また、収斂火災が起こるのは部屋の中とは限らない。窓に取り付けられた吸盤などによって、車内で火災が起こることもある。収斂火災を防ぐには、レンズや凹面鏡となるものを太陽光が届く所に置かない、カーテンで光をさえぎるなどの予防が大切だ。

平らなレンズ

Column

　凸レンズは、光を屈折させるのに必要な境界部分を球から抜き出して得られた形だった。光を曲げるのに必要な境目部分だけをさらに取り出して、できるだけ平らにしたものがフレネルレンズと呼ばれる平らなレンズだ。のこぎり状の断面を持つのが特徴で、フランスのオーギュスタン・ジャン・フレネルという科学者によって発明された。

　たくさんの光を集めるためには、レンズを大きくすればよい。しかし大きくすればするほど、たくさんの材料が必要になったり、レンズ自体が重くなってしまうなどの問題が生じる。一方、フレネルレンズであれば、材料を減らして軽くできるというメリットがある。望遠鏡のような精密機器には不向きであるものの、灯台などで利用されている。身近なところでは、後方確認用にバスの後ろの窓にフレネルレンズの凹レンズが取り付けられているのを見ることができる。このレンズを取り付けることで、より広い範囲を確認することができるのだ。

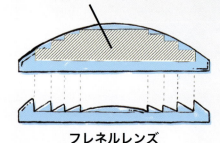

フレネルレンズ

小科学実験に挑戦!

水玉レンズで拡大して見よう

【用意するもの】
透明なプラスチックスプーン、ストロー、水

【実験のやり方】
1. ストローを使って、プラスチックスプーンの上に水玉をつくる。
2. 印刷物などを水玉レンズで拡大してみる。カラー印刷がCMYK(シアン・マゼンタ・イエロー・ブラック)の4色の細かい粒からできていること、服の繊維、皮膚のシワなどを観察する。
3. 水玉の大きさを変えると、拡大率がどのように変化するか確かめる。

どうして?

水は空気とは屈折率が異なる透明な物質なので、球面をもつ水玉はレンズのはたらきをします。水玉が小さいほど、拡大率は大きくなります。
※雨上がりの葉っぱやクモの巣についた水滴ひとつひとつもレンズになっているので、見かけたらじっくり観察してみましょう。

実験11

音の速さを見てみよう

目に見えない音の速さを目で見えるようにするには

　「見えないもの」を「見えるようにする」のが、科学の醍醐味である。小さすぎて見えないものを拡大して見えるようにする顕微鏡、ヒトの目では捉えることができない赤外線を見えるようにするカメラの撮像素子などはその産物だ。音は耳で聞くものであり、目には見えない。そんな音の「速さ」という見えないものを、どうしたら見えるようにできるのか？　しかも、特殊な装置無しに、人力で測定することなんてできるのだろうか？　——答えは、やってみなくちゃわからない！

【仮説を立てる】
音が伝わる速さが有限ならば、近いほど速く、遠いほど遅く伝わる。

音源から離れた測定ポイントを決め、音源からの距離と、何秒後に音が伝わったかを調べて、距離を時間で割れば音速が求められる。

【予備実験】
音源から1列に並んだレンジャーが旗を上げるタイミングにずれが生じた。

音源から10mおきに、8人のレンジャーが1列に並び、音が聞こえたら旗を上げたところ、音源から遠い人ほど旗が遅れて上がった。

【大実験】
色々な音を使って測定したら、音の種類や届く距離によらず音速は約340m/sだった。

1.7kmにわたり、86人のレンジャーが20mおきに並んで実験を行ったところ、音速は約340m/sだった。

音には速さがある
「音が伝わる」＝「振動が伝わる」

日常の生活の中で、音に速さがあることを実感する機会はあまりないかもしれない。まずは、音には速さがある、ということについて考えてみよう。

音の速さが有限であることを感じる最も身近な例のひとつは、雷であろう。ピカッと稲妻が走り、しばらくしてからゴロゴロと雷鳴が聞こえて、「あぁ、まだ雷は遠いな」と安心した経験を多くの人が持っているのではないだろうか。光が伝わる速さに比べて、音が伝わる速さが遅いためにこのような現象が起こる。つまり、音が伝わるには時間がかかる、音の速さは無限ではない、ということだ。それでは、音の速さはいったいどのくらいなのだろうか？

空気中を伝わる音の速さは約340m/s

太鼓の膜にしろ、ギターの弦にしろ、音を出すものは振動している。人の声も音だから、何かが振動しているはずである。軽く上を向いて、のどの出っ張っている部分に指先で触れながら声を出してみると、のどが振動していることが分かるだろう。のどの中にある「声帯」という部分が振動することで声を出しているためだ。

このように音を出すものは振動しており、その振動は触れているものに伝わっていく。例えば、太鼓を鳴らした音が少し離れたところにいる人に聞こえたとしよう。この時、太鼓の膜の振動は、太鼓の周りの空気に伝わって空気を振動させ、さらにその振動が耳へと届くのだ。

耳まで届いた振動は、鼓膜を揺らし、さらに耳の内部へと伝わっていく。そして電気信号に変えられて、神経を伝わり、最終的に脳で処理をされると「聞こえた」と認識されることになる。

このように考えてみると、音が伝わるという現象は、振動が伝わる現象だということになる。音の振動は、空気だけでなく、水などの液体や鉄などの固体の中でも伝わっていくが、ここでは空気中を音が伝わる速さについて考えてみることにしよう。

音速（v）を測定するには、ある一定の時間（t）に音が伝わった距離（L）を調べ、その距離を時間で割ればよい。式で表せば次のようになる。

$$v = L / t$$
（音速）（距離）（時間）

番組では1.7kmの直線上に、20mおきに86人が並び、音が聞こえたら旗を上げていた。旗を上げる人たちが音源に対して背を向けていたのは、前の人につられて旗を上げてしまうことがないようにするためだ。

これらの結果から、空気中を伝わる音の速さは、音の種類や届く距離にはよらず、おそよ340m/sであることがわかった。

音源	時間（秒）	距離（m）	音速（m/s）
シンバル	2.89	980	339
人の声	3.46	1,180	341
ビッグホーン	———	1,700	338

1. 1.7kmの直線上に、20mおきに86人が並んだ。

2. さまざまな音でその速さを計測していく。

音の速さは変化する

今回の大実験で、空気中を伝わる音の速さは、約340m/sであることがわかったが、この速さ、実は気温によって変化するのだ。音速と気温の関係は次のような式で表せる。

$$v = 331.5 + 0.6\ t$$
（音速）　　　　　　（気温〔℃〕）

この式を用いれば、例えば気温が0℃のときの音速は331.5m/s、15℃のときは340.5m/sであることが求められる。このように気温によって音速が変化することによって、昼と夜では音の聞こえ方が変わる。昼は地面近くの空気の方が温かく、夜は逆に上空の空気の方が温かい。すると、図のように、昼には音は上空へと曲がって伝わり、夜には遠くへと曲がって伝わりやすくなる。そのため、夜の方が遠くの音が聞こえやすいということがあるのだ。

音速が変化するのは気温が変化したときだけではない。音を伝えるものによっても、音速は異なる。例えば水中での音速は約1,500m/sと非常に速い。空気中と水中では音速が異なるが、水上と水中を行き来するシンクロナイズドスイミング（アーティスティックスイミング）の選手たちの動きは音楽にぴったりと合っている。これは、水上と水中それぞれにスピーカーが設置されており、選手たちが耳にする音楽に時差が生じないような工夫がなされているためである。

音速は固体中ではさらに速く、例えば鉄では約6,000m/sもの速さで伝わる。

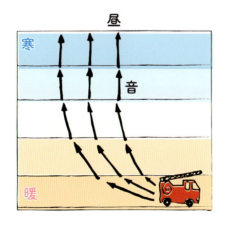

音を超えられる！？

Column

　空気中の音速340m/sは、時速にすると1,224km/hである。新幹線の速さが約300km/hであることを考えると、音速が非常に速いことが分かるだろう。しかし、乗り物が音速を超える速さ：「超音速」を出すことは可能だ。例えば、戦闘機の中には音速の2倍もの速さを出すことができるものがある。このように、非常に高速で移動するものの速さを表す単位に「マッハ」というものがある。空気中の音速をマッハ1として示す。例えば、音速の2倍であれば、マッハ2と表される。

　音速を超えるのは、戦闘機のような人工的な乗り物だけではない。2013年2月15日にロシアのチェリャビンスクという所に落下した隕石は、マッハ40～50程度の速さで大気圏に突入したと考えられており、多くの建物の窓ガラスが割れるなどの被害が生じた。これは、音速を超えて移動するものが生み出した強烈な圧力変化が波として伝わる「衝撃波」が原因であったと考えられている。

音で距離を測る魚群探知機

Column

　音速と、障害物にあたった音がはね返って戻ってくるまでの時間が分かれば、その障害物までの距離を求めることができる。時間が長ければ遠くに、短ければ近くに障害物があるということになる。

　コウモリは、ヒトの耳には聞こえないほど高い音：「超音波」を利用して障害物やえものなどの位置を把握している。このように音の反響を利用して物体の位置や方向、大きさなどの情報を得ることを「エコーロケーション」と呼ぶ。イルカやクジラなども水中でエコーロケーションをすることが知られている。

　この原理を利用して、魚の群れを探す装置が魚群探知機だ。船底から、海底に向けて音を放つ。魚群がいなければ、音は海底で反射されて戻ってくるが、魚群がいると、それよりも早く魚群で反射された音が戻ってくる。反射音が戻ってくるまでの時間が分かれば、魚群がいることが分かるだけでなく、どのくらいの深さにいるのかも分かるのだ。

小科学実験に挑戦!

鳴龍ポイントを探そう

【鳴龍ポイントを探そう】
日光東照宮の薬師堂の天井には龍の絵が描かれており、その下で拍子木を鳴らすと、クワンクワンと音が反響して聞こえることから「鳴龍（なきりゅう）」と呼ばれています。身近なところでも、同じように音が反響して聞こえるポイントがないか、探してみましょう！

【実験のやり方】
1. 廊下などを、耳をすませながら歩き、足音が響く場所を探す。
2. 1の場所の周辺で手をたたきながら、わずかに位置をずらしていき、鳴龍ポイントがないか探す。鳴龍ポイントでは、拍手がクワンクワンと反響して聞こえる。

どうして？

空気中を音が伝わる速さは約 340m/s と有限なので、天井や壁などまで到達し、はね返って自分のもとに戻ってくるまでに時間がかかります。

鳴龍ポイントでは、複数の場所ではね返った音が時間差で聞こえるために、クワンクワンと聞こえるのです。

実験 12

声でコップが割れる？

怪奇現象？　いいえ、科学です！

　音楽室でピアノを弾いていたら、小太鼓がひとりでに鳴り出した。こんな怪奇現象を体験したことがあるかもしれない。実はこれ、怪奇現象ではなく、科学で説明ができる。注意深くピアノを弾いてみると、ある特定の高さの音を鳴らしたときだけ太鼓がなるのだ。このように、直接触れなくても、ものを揺らしたり、音を出したりすることは科学的に可能だ。その原理を使えば、触らずにガラスのコップを割ることもできるのではないか？　——答えは、やってみなくちゃわからない！

【仮説を立てる】
声の振動をガラスのコップに伝えたら、コップを割ることができるのでは?

声を出すと、のどの奥がふるえてその振動が空気に伝わる。その振動で十分にコップを揺らせれば、コップが割れるのではないか。

【予備実験】
音の高さを変えてトロンボーンを吹くと、コップがよくふるえる高さがあった。

音の高さを変えていくと、ある高さの音のときだけコップに入れたストローが激しく揺れた。コップがふるえやすい高さがあるようだ。

【大実験】
歌手や舞台役者、スポーツ選手らがコップ割りに挑戦したけれど……。

コップをたたいた時の音と同じ高さの声を出してもらったら、ストローが飛び出すほどコップは揺れたけれど、割れることはなかった。

音の正体は振動
音の振動は伝わっていく

　喉に指先で触れながら声を出すと、指先が震える。喉の内側の声帯という器官が振動することで声が出ているためだ。太鼓の膜や、ギターの弦など音を出すものは振動している。

　何かが振動することで生じた音は、触っているものへと伝わっていく。

　例えばトロンボーンを吹くと、トロンボーンが振動する。すると、トロンボーンの周りの空気にその振動が伝わる。さらに、振動は空気を次々にふるわせながら伝わっていき、ヒトの耳の内側にある鼓膜をふるわせる。鼓膜に伝わった振動は、さらに「耳小骨」⇒「蝸牛」というように、耳の中にある器官へ次々に伝わっていく。そして電気信号に変えられた振動の情報が、聴神経を通って脳へと送られ、そこで処理をされると「トロンボーンの音が聞こえた」と認識されるのだ。

　空気がなくても、水などの液体、あるいは鉄などの固体を通して音の振動は伝えられる。しかし、空気のない真空中では、音の振動を伝えるものがないため、離れた場所に音を伝えることはできない。

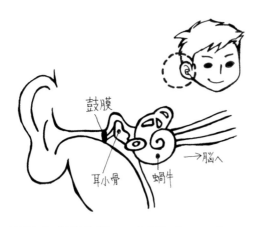

「固有振動数」が等しいものは「共振」する

　ブランコに座って、誰かに背中を押してもらった経験はあるだろうか？　タイミングよく背中を押してもらうと、ブランコの揺れはどんどん大きくなっていく。しかし、背中を押すタイミングが悪いと、揺れはなかなか大きくならない。これは、そのブランコに最も適した揺れがあるためである。ブランコに限らず、すべてのものには大きく揺れるのに適した揺れがある。その揺れが1秒間に何回かを表す量が「固有振動数」だ。

　音の正体は振動であったから、その揺れの回数も振動数で表すことができる。振動数は、1秒あたり何回振動するかを表す単位〔Hz〕：ヘルツを用いて表す。

　低い音ほど振動数が小さい、つまり1秒当たりの揺れの回数が少なく、高い音ほど振動数は大きい。

　どの程度の高さの音が聞こえるかは動物によって異なり、ヒトの場合、個人差はあるが、およそ20〜20,000Hzの音を聞くことができる。年齢を重ねると、徐々に17,000Hz以上の高い音を聞き取りにくくなることが知られている。若い人には良く聞こえるこの高い音は、蚊の羽音のような音であることから「モスキート音」と呼ばれる。

　また、20,000Hzよりも高い音は「超音波」と呼ばれ、ヒトは音として捉えることはできないが、例えばコウモリやイルカなどは超音波を使うことが知られている。一方、20Hzよりも低い音もヒトには聞こえないが、体調不良の原因になることもあると考えられている。

　さて、番組ではストローを入れたコップの近くで大きな声を出したとき、ストローがふるえるときと、ふるえないときがあった。これは一体どういうことなのだろう？

　ここでカギとなるのが「固有振動数」だ。ブランコの固有振動数と等しい揺れを与え続けると、ブランコの揺れが大きくなっていくように、固有振動数が等しいもの同士はエネルギーのやり取りができる。

　例えば、吊り橋を渡る人々の歩き方が、たまたま吊り橋の固有振動数と等しくなると吊り橋は大きく揺れることになる。実際に、2000年に開通したロンドンのミレニアム・ブリッジは、大勢の人々が無意識に歩調を合わせながら歩行し、その振動数がたまたま橋の固有振動数に近かったために大きな揺れが起こり、一時閉鎖という騒ぎが起こった。また、日本でも、ライブ会場で大勢の観客がジャンプを繰り返したことで、近くの高層マンションが「震度3」に相当する揺れに見舞われるなどの現象が起きている。

　このように、固有振動数が等しいもの同士がエネルギーのやりとりをする現象を「共振」と呼ぶ。

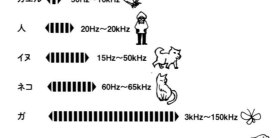

カエル	50Hz〜10kHz
人	20Hz〜20kHz
イヌ	15Hz〜50kHz
ネコ	60Hz〜65kHz
ガ	3kHz〜150kHz
イルカ	50Hz〜150kHz

　今回の大実験では、ガラスのコップを声で共振させて割ろうとしていた。そのためには、どのような条件が必要だったのだろう？

1．さまざまな固有振動数のコップを用意。

2．アスリートや歌手など複数の専門家が集められた。

3．サッカー選手が声を出すと、ストローが外に！？

4．惜しくもコップを割ることはできなかった。

声でコップを割るために必要な条件

　まず共振を起こすためには、コップの固有振動数と等しい振動数の音を出すことが必要だ。番組では、コップを軽くたたいて音を出すことで固有振動数を確かめ、同じ高さの声を出すようにしていた。

　2つめに必要なのが、エネルギーを与え続けること、つまり声を出し続けることだ。ここで重要かつ難しいのが、コップの固有振動数と等しい音を出し続けなければならないという点だろう。声の高さが変わってしまうと、コップの揺れは収まってしまう。コップを割るためには、共振によってコップを揺らし続け、徐々に揺れを大きくしていって、やがてコップが揺れによる変形に耐え切れなくなって割れるのを待たなければならない。だから、途中で揺れが収まってしまってはいけないのだ。しかも、空気を隔てて振動のエネルギーを伝えるためには、十分な大きさの声でなければならない。

　まとめると、この挑戦を実現させるには、「一定の高さで大きな声を長時間出し続ける」ことが必要だということになる。

　そこで番組では、歌手や舞台役者、スポーツ選手など日ごろから大きな声を出すことに慣れている人たちに大実験に挑戦してもらった。ソプラノ歌手やテノール歌手、サッカー選手など何人かの挑戦者は、ストローが揺れたり、コップから飛び出したりする程度にはコップを揺らすことに成功していた。つまり、「一定の高さ」の「大きな声」を出すことはできていた。しかし、コップが割れるまで「十分に長い時間」、その声を保って出し続けることができた人はいなかったので、コップを割ることができなかったのだ。今回は1人3分の持ち時間で、約6時間で挑戦を終えた。もっと長い時間挑戦を続けたら、コップを割ることができたかもしれない。

　残念ながら、人の声ではコップを割ることはできなかったけれど、スピーカーで行った実験では、必要な3つの条件を安定してそろえることができたため、コップを割ることができたのだ。

揺れを抑える技術
Column

　固有振動数は、建物にもある。地震のゆれが建物の固有振動と一致すると、建物が大きくゆれ、ときには倒れてしまうこともあるのだ。地震が多い日本では、昔から地震のゆれに耐えたり、コントロールしたりする技術が磨かれてきた。

　例えば、地震で揺れても壊れないように建物を丈夫にするという「耐震」の技術や、建物を浮かせたり、ゴムの柱などの上に建てることで揺れが伝わらないようにする「免震」といった工夫がある。

　さらに、建物の一部に揺れやすい部分を設けることで、地震の揺れを受け流す「制震」という技術もある。五重の塔には、心柱(しんばしら)いう地震のゆれとちがう振動でゆれる振り子がつりさげられていて、地震のゆれを吸収するようになっている。このしくみは、東京スカイツリーなど、現代の高層建築にも使われており、スカイツリーでは、直径8m、高さ375mの鉄筋コンクリート製の円柱によって、地震の揺れを約40%低減することができる設計になっている。

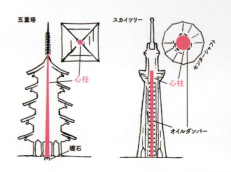

パイプで音を豊かに響かせる
Column

　世界にはさまざまな楽器があるが、振動するものによって大きく4つのタイプに分類できる。太鼓のように膜を振動させる楽器、拍子木のように物体全体を振動させる楽器、ヴァイオリンのように弦を振動させる楽器、そして笛のように管の中の空気を振動させる楽器だ。

　そして多くの楽器が、弦や管などの長さを変化させることで高さの違う音を出してメロディーを奏でることができる。

　そうした楽器のひとつであるマリンバは、長さの異なる木の板を叩いて演奏する打楽器だ。木琴の一種だが、鍵盤の下にパイプがついているのが特徴で、よく見ると1本のパイプは1つの鍵盤に対応しており、パイプの長さは鍵盤によって異なっている。マリンバの鍵盤をたたくと音が出る。その高さの音で共鳴する長さのパイプがとりつけられているのだ。このパイプのおかげで、より豊かに響く音を出すことができる。このような仕組みはパイプオルガンやチェレスタなど、さまざまな楽器に見られる。

撮影協力：立教女学院中学校・高等学校

小科学実験に挑戦!

声こぷたー

【用意するもの】
紙コップ、つまようじ、プロペラ（1cm × 4cmの画用紙）、テープ、千枚通し

【作り方】
1. 紙コップの裏側のふちに千枚通しで穴をあけ、つまようじを通す。
2. つまようじの端がコップ裏面の真ん中にくるようにテープでとめる。
3. プロペラの真ん中につまようじの太さよりも小さな穴をあけてつまようじの先端にとりつける。プロペラがとび出ないように、つまようじの先端にテープをつけたらできあがり！

【実験のやり方】
紙コップを口にあてて、声を出す。プロペラの動きを見ながら、声の高さや大きさを変えて、プロペラが回転しやすい声の大きさと高さをさがそう。

どうして？

声を出すと、紙コップの裏面が振動します。その振動が、つまようじを通してプロペラに伝わります。そして、紙コップやつまようじ、プロペラの固有振動数に合った高さの音を出すとたくさん振動し、プロペラが回転します。
※声の振動がつまようじにしっかり伝わるように、コップの底にぴったり貼り付けることがポイントです。

実験 13

忍者になろう

忍者は科学者！？

　忍者というと、分身したり、風呂敷1枚で空を飛んだり、煙のように姿を消したりといった非現実的な術を操る架空の存在と思うかもしれない。しかし、その実態は、天文や気象、薬草などの知識に精通し、自然科学の知恵を活用した人々だったと考えられている。忍者と科学は切っても切れない関係にあるのだ。そんな忍者が大切な巻物を盗まれ、目の前にそびえる鉄の壁を登らなければならない。忍者のピンチを科学でサポートできるのか？　──答えは、やってみなくちゃわからない！

【仮説を立てる】
高さ7.5mの鉄の壁をのぼるには、電磁石を利用すればよいのではないか？

壁をのぼろうと磁石を使ったら、くっついたきり離れない！でも電磁石なら、つけたりはずしたりできるのではないだろうか？

【予備実験】
鉄の釘にエナメル線を巻いて、端を削って電池につなぐと磁石になった！

導線を巻いたコイルに電気を流せば電磁石になる。磁力を強くするために鉄釘を芯にしたら、たくさんのクリップをつけられた。

【大実験】
電磁石を両手両足につけて、無事に鉄の壁をのぼることに成功！

地上のレンジャーがスイッチにとりつけたひもを引っ張って、電磁石のスイッチを入れたり切ったりしながら壁をのぼることができた。

忍者を支えた磁力
磁界＝磁力がはたらく空間

そびえたつ垂直な鉄の壁にはりついた忍者は、磁石と鉄がひきつけ合う磁力を利用していた。今回は磁力について詳しく見ていこう。

バネを引っぱれば伸びるし、スポンジを握れば変形する。バネやスポンジを変形させたのは、触れている手が加えた力だ。このように、多くの力が触れているもの同士の間にはたらく。しかし、中には触れていなくてもはたらく力もある。「磁力」はそのひとつだ。

磁石を、鉄でできたクリップにゆっくり近づけていくと、磁石が触れる前にクリップがじわじわと動き出し、やがて磁石に飛びつく様子が確認できる。これは、磁石の周りに「磁力がはたらく空間」が存在するためだ。この空間のことを「磁界」あるいは「磁場」と呼ぶ。

磁界は磁石に近いほど強いので、遠くにあるときにはピクピクと動くだけだったクリップが、磁石を近づけるにつれて徐々に磁石に引き寄せられていき、最後は一気に飛びつくのだ。

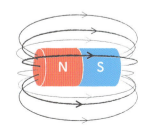

永久磁石と電磁石

2つの磁石を近づけていくと、お互いがひきつけ合う場合と斥け合う場合があることに気づくだろう。磁石にはN極とS極という「磁極」があり、同じ極同士は反発し、異なる極同士はひきつけ合う性質がある。この性質を利用して、進むべき方角を知ることができる道具がコンパス（方位磁針）だ。コンパスのN極は常に北を指し示してくれるので、目印の少ない大海原でも安心して旅をすることができる。では、いったいどうしてN極は北を指すのだろうか？

それは、北にN極を引きつけるものがあるためである。つまり、S極が北にあるということに他ならない。同様にコンパスのS極が南を向くのは、南にS極を引きつけるN極が存在するということだ。それは何か？　それは、地球である。実は地球自体が北極の方がS極、南極の方がN極の巨大な磁石なのだ。

さて、市販の磁石には、黒い磁石と銀色の磁石がある。黒い磁石は「フェライト磁石」というもので、鉄粉を焼き固めて作られたものだ。一方、銀色の磁石は「ネオジム磁石」というもので、鉄にネオジムなどを混ぜて作られており、非常に強い磁力が特徴だ。これらの磁石は、長期間磁力を保つことができるため、「永久磁石」と呼ばれている。でも、実は磁力を失わせる方法がある。

例えば、フェライト磁石を金づちでたたいて粉々に割ってしまう。そうしてできた、いわば「粉々磁石」を小さなビンなどの容器に入れて振ってから鉄製のクリップなどに近づけてみると、クリップは引きつけられない。つまり、粉々にした磁石は磁力を失っていることがわかる。ところが、この「粉々磁石」入りのビンを強めの磁石にいったん近づけてから、再びクリップに近づけると、クリップを引きつけることができる。つまり、再び磁力を取り戻したことになる。いったいどうしてこのようなことが起こるのだろうか？

その答えを知るためには、磁石を半分に割ってみるとよい。半分にした磁石を色々な向きで互いに近づけてみると、反発したり引き合ったりする。このことから、半分の磁石にはN極とS極が1組ずつ生じていることがわかる。言い換えれば、N極だけの磁石やS極だけの磁石にはならないのだ。だから、粉々にした磁石1かけ1かけにも、それぞれN極とS極が1つずつ存在している。しかし、ビンを振ると細かい磁石はバラバラの向きになるので、全体としては磁石としてはたらかなくなってしまう。そこに強めの磁石を近づけると、その磁界に沿って細かい磁石1かけ1かけが並び直すので、全体として磁石になるというわけだ。実は、鉄の中にもとても小さな磁石が含まれている。だから鉄を強力な磁界の中に置くと、鉄の中の小さな磁石の向きがそろって、全体が磁石となり、クリップがくっつくのだ。

もし忍者が鉄の壁から落ちないようにするだけなら、非常に強い永久磁石があればよい。しかし、壁を登ろうとしているのに強力な永久磁石を使ってしまうと、壁から手足が外せなくなってしまうおそれがある。そこで、今回の大実験で忍者が使っていたのが「電磁石」だ。電磁石は、その名の通り電気を利用した磁石である。

1. 電磁石の力を利用して7.5mの壁に挑む。

2. 地上から各電磁石のONとOFFを切り替える。

3. 頑張れ！青忍者！

4. 7.5mの鉄の壁を踏破！

エルステッドが発見した、電気と磁石の関係

　19世紀、デンマークの科学者ハンス・クリスティアン・エルステッドは、実験器具の電池のスイッチを入れたり切ったりすると、近くにあった方位磁針が動くことを発見した。この現象こそ、電磁石へと続く第一歩であった。

　直線を流れる電流の周りには、導線を中心とした円を描くように磁界が生まれる。実験を通して、この磁界の向きは、電流の向きに対して右ねじが回る向きとなること、磁界の強さは電流が大きいほど強くなることが明らかになった。

　一方、導線を輪にして（これを「コイル」という）、電流を円形に流した場合には、コイルを貫くような磁界が生まれる。この磁界の様子は、棒磁石の周りの磁界の様子とそっくりだ。電流が流れているコイルは磁石になり、電気を流すのをやめれば、磁石ではなくなる。このようなものを「電磁石」という。

　電磁石は、電流の大きさを調整することで磁力の強さをコントロールすることができるのが大きなポイントだ。忍者の手足を鉄の壁にくっつけたいときには、電気を流して磁力を生み出し、手足を外したいときには電気をとめて磁力をなくすことができる。

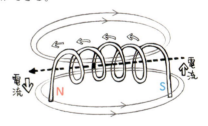

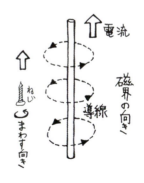

忍者になろう

電磁石でメッセージを送る：モールス信号
Column

　19世紀、ヨーロッパに美術の勉強に出かけていた画家のモールスは、アメリカに帰る船の中で電磁石と出会った。これは彼にとって運命の出会いだった。

　それというのも、この7年前、モールスが家から遠く離れた町に出張していた最中に、妻が危篤であるとの連絡が届いたのだ。その連絡は、当時の通信手段であった早馬によって届けられたが、急いで家へ戻ったモールスが到着したときには、すでに埋葬が済んだ後だったのだ。妻を看取ることができなかったばかりか、葬儀にすら参列できなかったことはモールスの心に深い傷となって残り、長距離であっても、もっと高速でメッセージを届けられる通信手段が必要だという思いを抱かせることになったのだ。

　そして、電磁石と出会ったモールスは、導線を伸ばしてスイッチのオン／オフをすれば、遠く離れた場所にある電磁石が鉄を引き付けたり離したりして、信号を送ることができるとひらめき、モールス信号装置を発明した。

電気で動くモーター
Column

　扇風機、掃除機、車のパワーウィンドウなど、身近なところには電気で動くものがたくさんある。こうした電気で動くものにはモーターが活用されている。モーターというのは、電気を流すことで動きを生み出す装置のことで、ラテン語の「動きを与える」という言葉を語源にもつ。ここでは、電気を流すと回転運動するモーターに着目してみよう。

　モーターを分解してみると、中には、永久磁石とコイル、そして電流の向きを切り替えるための端子が入っている。モーターに電気を流すと、コイルに電気が流れ、コイルは電磁石となる。すると電磁石は、周りの永久磁石の磁界の影響を受けて動く。さらに、電磁石に流れる電気の向きを瞬時に切り替えると、電磁石のN極・S極が入れ替わることになる。これにより、永久磁石と引き合ったり退け合ったりして、回転運動が生まれるのだ。

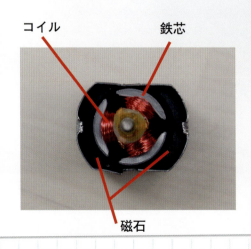

小科学実験に挑戦！

ジャンプするコイル

【用意するもの】
エナメル線（直径約0.2mm、長さ1m）、紙やすり、ネオジム磁石、マンガン乾電池、鉄くぎ、テープ

【コイルの作り方】
1. エナメル線の両端を20cmずつくらいを残して、磁石と同じくらいの直径のものに10回ほど巻き付け、コイルを作る。
2. コイルがほどけないように、少量のテープでとめる。
3. エナメル線の両端3cmくらいを紙やすりでこすって被覆をはがす。

【実験のやり方】
1. 磁石に鉄くぎを立て、そこにコイルを通す。
2. コイルの片端を乾電池のマイナス極に押しつけてスタンバイ。
3. コイルの反対の端を乾電池のプラス極につけたり離したりすると、コイルがジャンプする。

どうして？

電磁石の磁力とネオジム磁石の磁力とが反発すると、コイルがジャンプします。コイルの巻き数を変えたり、電池の向きを変えたりして実験してみましょう。

※電気を流しっぱなしにすると、熱くなりやけどをすることがあり危険です。一瞬だけ電気が流れるように、さわりましょう！

実験 14

人力発電メリーゴーラウンド

遊園地が停電になったら……？

　冷蔵庫、テレビ、携帯電話、信号機、エレベータ、電車……家の中でも、屋外でも、もはや電気のない生活など想像もつかない。遊園地でも、ジェットコースターや観覧車、メリーゴーラウンドなど多くのアトラクションが電気によって動いている。もしも遊園地が停電になったら、そんな数々のアトラクションは止まってしまう。もちろん、メリーゴーラウンドも。そんな時、人力で電気を作って何とかできないのだろうか？　——答えは、やってみなくちゃわからない！

【仮説を立てる】
自転車発電で、メリーゴーラウンドを動かせるだけの電気を作れるのでは？

タイヤの下にモーターを取り付けてペダルをこぐと、回転がモーターに伝わり発電できるのでメリーゴーラウンドを動かせるのでは？

【予備実験】
36人のレンジャーで発電に挑戦したが、メリーゴーラウンドが動かない！？

36台の人力発電機を使ってレンジャーが発電に挑戦！少し動いたがすぐに止まってしまった。こぐ体力が続かないのが原因のようだ。

【大実験】
プロの競輪選手たちのおかげで、ついにメリーゴーラウンドが動いた！

電気を集める装置に負荷をかけないよう、はじめはゆっくり、徐々にペースを上げていったところ、イルミネーションもつけられた。

電気をつくるには……
発電の生みの親：ファラデー

　18世紀末、ロンドンのスラム街で生まれたファラデーは、13歳から製本屋で働いていた。仕事の合間に本を読み漁り、科学に関心を持つようになったファラデーは、当時の著名な科学者デイヴィーの講演に通い詰めた。そして、その講演記録を得意の製本技術で本にまとめ、デイヴィーに贈った。このことがきっかけとなり、20代前半でデイヴィーの助手となったファラデーは、そこからめきめきと頭角を現し、多くの功績を残している。そのひとつが、発電の原理の発見だ。

マイケル・ファラデー（1791〜1867）

ファラデーが発見した「電磁誘導」

　1820年、デンマークのエルステッドによって、電流が磁力を生み出すことが発見され、電気と磁気には関係があることが明らかになった。ファラデーは、この発見を発展させて電池につなぐと回転するモーターの第一号といえる装置を作ることに成功した。

　さらに、この現象とは逆に磁力から電流を生み出せるのではないかと考えて実験を重ね、ついに1831年、コイルの中の磁界を変化させるとコイルに電流を流そうとする電圧が生じることを発見した。この現象は「電磁誘導」と呼ばれている。

　ファラデーは、鉄の輪にコイルを2つ巻きつけ、片方には電池とスイッチをつなぎ、もう一方にはわずかな電流でも感知できる検流計という装置をつないだ。そしてスイッチを入れ、電池につないだコイルに電流が流れると同時に検流計の針が振れた。実験を続けるうちに、針が振れるのはスイッチを入れた瞬間で、その後はいくら電気を流しても針は0に戻ってしまうこと、スイッチを切る瞬間には針が逆向きに振れる、つまり反対向きに電気が流れることが明らかになった。

　コイルに電気が流れる瞬間、あるいは流れていた電気を止める瞬間には何が起きているのだろう？　と考えたファラデーは、検流計につないだコイルの周りの磁界が変化しているのだと気づいた。電池につないだ方のコイルは電磁石、つまり磁石としてのはたらきをしていたのだと考えたのだ。

　そこで、次に検流計につないだコイルと磁石を用意して、磁石をコイルに出し入れしてみると、前の実験同様、磁石をコイルに入れる瞬間やコイルから出す瞬間にだけ検流計の針が振れた。

　ファラデーはさらに研究を続け、連続して電流を取り出すことのできる装置を開発した。いわば世界初の電磁式発電機である。

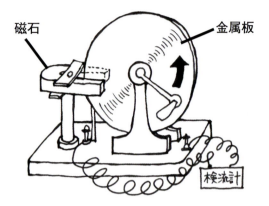

　ファラデーの功績により、コイルと磁石があれば電気をつくりだすことが可能になった。さらに研究が進められ、次のことが分かった。

1. コイルの巻き数が大きいほど、たくさんの電気が生じる
2. 磁石の磁力が強いほど、たくさんの電気が生じる
3. 磁界の変化が大きいほど、たくさんの電気が生じる

　つまり、たくさん巻いたコイルと強い磁石を用意して、どちらかを素早く動かすことで、より多くの電気をつくることができるということが判明したのだ。これはつまり、モーターの軸を素早く回転させれば電気を起こすことができるということである。この仕組みは、現代の発電所にも受け継がれている。

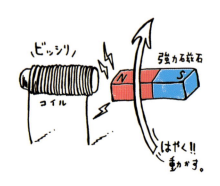

1．最初に、36台のルームバイク型発電機を用意。

2．レンジャーたちがこいだが、まったく動かない。

3．こぎ方を変えることで少し動いたが、レンジャーたちの体力は限界に……。

4．競輪選手たちの協力により、イルミネーション付きのメリーゴーラウンドを動かすことに成功！

タービンを回すのは誰か？

　発電所には、火力発電所、水力発電所、原子力発電所などさまざまなものがあるが、これらの発電所には「電磁誘導によって電気を起こしている」という共通点がある。

　発電所では、発電機の軸につけられたタービンという羽根車が回転すると、発電機の軸も回転し、電気がおこる仕組みになっている。ではそれぞれの発電所の違いは何か、というと何を用いてタービンを回転させているのかということになる。

　例えば火力発電所では、物を燃やした熱で湯を沸かし、得られた水蒸気を勢いよくタービンにあてて回転させている。原子力発電もタービンを回転させるのは水蒸気だ。違うのは湯を沸かすためのエネルギーの得方である。原子力発電所では、ウランという物質が「核分裂反応」という反応をする際に放出するエネルギーを使って湯を沸かしている。このように、湯を沸かすエネルギーの得方に違いはあるものの、火力発電と原子力発電のしくみはおおむね同じだ。一方、水力発電の場合には、ダムなど高いところから落とした水の勢いによってタービンを回している。タービンを回転させる力を何から得ているかで「○○発電」という呼び方が変わってくるのだ。

　番組では、自転車のようにペダルをこぐと発電機の軸が回転して電気が得られる人力発電機を利用して発電していた。レンジャーが一斉に発電機をこいだが、メリーゴーラウンドは動かなかった。電気を集めるための装置に急にたくさんの電気を送ったせいで装置がパンクしてしまったと考えられた。そのため、はじめはゆっくりこぎ、徐々にペースを上げようとしたが、レンジャーの体力が続かなかった。そこでプロの競輪選手が登場し、イルミネーションをつけたメリーゴーラウンドを動かすことに成功した。

電池がなくても使えるライト
Column

　いざという時のための防災グッズにライトを入れている人は多いだろう。しかし、あまり使う機会のない防災グッズは何年も袋に入れっぱなしということもある。そのため、乾電池式のライトの場合、いざ使おうとしたときに乾電池が切れてしまっていた……などということも起こりうる。そこで近年普及しているのが、電池のいらないライトだ。
　いくつかのタイプのものがあるが、例えば、コイルの外側にドーナツ型の磁石がセットされているものの場合、ライトを振って磁石を素早く動かすことで電気が生じるしくみになっている。ほかにも、レバーを回すことで電気を起こす手回し発電タイプのものなどがあるが、どちらも電磁誘導を利用している。発電した電気は、蓄電池にためて少しずつ使うことができる。こうしたライトは、電池切れを心配しないで使えるのが強みだ。同じようなしくみで電池がなくても使えるラジオや携帯電話の充電器なども発売されている。

マイクやスピーカーの中には磁石とコイルが！
Column

　電磁誘導は、発電所以外にも、身近なところで利用されている。例えば、マイクも電磁誘導を利用した道具だ。
　マイクとは、声を電気信号に変換する道具だ。マイクを分解してみると、内部に磁石とコイルが入っていることが分かる。マイクに向かって声を出すと、声の振動によって内部のコイルが振動する。コイルは、近くにある磁石がつくる磁界中で動くことになるので、電磁誘導によってコイルに電気が流れ、電気信号となる。
　スピーカーは、マイクとは反対に電気信号を音に変換する道具である。スピーカーを分解すると、やはり中にはコイルと磁石が入っている。スピーカーを音源につなぐと、コードを介して音源から音の情報が電気信号として伝えられる。すると、コイルに流れる電流が変化し、近くの磁石がつくる磁界と力を及ぼし合って、コイルが振動する。その結果、音が発生するのだ。

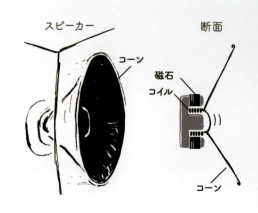

小科学実験に挑戦！

モーターを使って発電にチャレンジ！

【用意するもの】
太陽電池用モーター、赤色LED、網戸チューブ（モーターの軸がはまる太さのもの、7mmくらい）

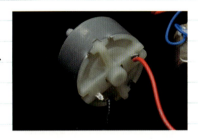

【実験のやり方】
1. 網戸チューブをモーターの軸にはめる。
2. モーターの赤いリード線とLEDの長い足を、青いリード線とLEDの短い足をつなげる。
3. モーターの軸を指で勢いよく回す。
4. LEDがつかないときは、反対向きに回してみよう。

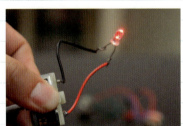

どうして？

軸が回転すると、モーター内部のコイルも回転して電磁誘導が起こります。

※模型用のモーターで実験する場合には、ソケット付きの豆電球とタコ糸を用意しましょう。モーターの軸に網戸チューブをはめたら、モーターのリード線と豆電球のソケットのリード線をねじって回路を作ります。豆電球が光ったときに見えるように指にはさんで持ち、網戸チューブにタコ糸を巻き付けて勢いよく糸を引くと豆電球が光ります。

実験 15

静電気でお絵かき

新たな絵の描き方

　古より人類は絵を描いてきた。ラスコーやアルタミラの洞窟壁画に始まり、紙や布、木、皮など様々なものに、植物の色素や石、鉛筆や絵の具、ペンなどを使って絵を描いてきた。大勢の人が集まって描く人文字や、波打ち際の砂を掘って描いた絵、花火を使って夜空に描く絵といったユニークなものも登場し、今では、パソコンの画面上で絵を描くこともできる。では、静電気を利用して絵を描くことはできるのだろうか？　──答えは、やってみなくちゃわからない！

【仮説を立てる】

静電気によってものが引き寄せられる原理を使って絵を描けるのではないか？

下敷きをこすって静電気を起こし、紙を近づけると紙がくっつく。この原理を応用して紙とインクをひきつけ合うことができるのでは？

【予備実験】

帯電ガンを使って絵を描いてみたけれど、トナーがうまくつかなかった。

狙った部分だけに静電気を起こせる帯電ガンを使ってみたが、静電気がたまりすぎてしまい、うまく絵が描けなかった。

【大実験】

紙の下にアルミホイルを貼って再挑戦！見事、静電気で絵が描けた！

余分な電気を逃がすために、紙の下に電気を通しやすいアルミホイルを貼ったところ、きれいにトナーをつけることができた！

静電気で絵を描くには……
動かない電気：静電気

ペンや絵の具を使わずに、静電気を使って絵を描くにはいったいどうしたらよいのだろう？ まずは静電気について詳しく見てみることにしよう。

乾燥した日に、ウールのセーターなどを脱ごうとしたら、パチパチと静電気が起こった……という経験はあるだろうか？ あるいは静電気が体にたまったまま金属のドアノブをうっかり触ってしまい、バチッと痛い思いをしたことがあるかもしれない。静電気というと、パチパチ、あるいはバチッという音をイメージする人も多いだろう。一体どの辺が「静かな電気」なのだろう？

静電気というのは、物体の表面にとどまって動かない電気のことだ。これに対して、導線などの中を流れる電気のことは「電流」と呼ぶ。

静電気でお絵かき

摩擦によって静電気が生じる

静電気の歴史は古代ギリシアにさかのぼる。タレスという人物が、琥珀を毛皮でこすった際に、ほこりなどをひきつける現象を発見したと言われている。多くの人が、下敷きをウールのセーターなどでこすって、かみの毛を逆立てたことがあるのではないだろうか？　このように、2種類の異なる物質を摩擦すると、静電気が生じることから、静電気は「摩擦電気」とも呼ばれる。

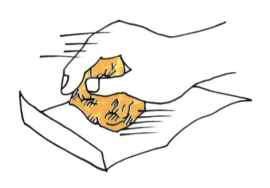

摩擦によって生じる静電気について、詳しく見てみると、互いにひきつけ合う場合と、互いに斥け合う場合とがあることが分かる。このことから、静電気には2つの種類（＋と－）があることが明らかになった。同じ種類の静電気は互いに斥け合い、異なる種類の静電気は互いにひきつけ合うのだ。2つの物質をこすり合わせると、どうして2種類の静電気が生じるのだろう？

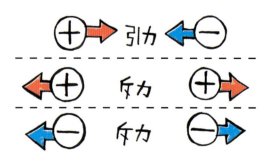

その謎を考えるためには、物質を構成する原子について見ていく必要がある。原子は、＋の電気を帯びた原子核の周りを－の電気を帯びた電子が取り巻いている。2種類のものをこすり合わせると、一方が持っていた電子がはぎ取られてもう一方のものへと移る。すると、電子を得たものは－の電気が増え、全体として－の電気を帯びることになる。一方、電子を失った方は－の電気が減ることになるので、＋の電気が多くなるため、＋の電気を帯びることになる。このように電気を帯びることを「帯電」と呼ぶ。

では、＋に帯電するか、－に帯電するかどうかは決まっているのだろうか？　実は同じストローでも、ティッシュペーパーで摩擦したときは－に、消しゴムで摩擦したときは＋に帯電するというように、摩擦によって生じる静電気の種類は、こすり合わせる相手によって決まる。＋、－の帯電しやすさを示したのが帯電列であり、これを見れば2種類のものをこすり合わせたときにどちらが＋に帯電するかが分かる。

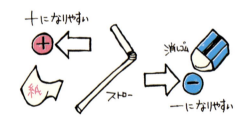

さて、ここで絵を描くことに話を進めよう。絵の具やペンなどさまざまな道具を用いて描いた原稿を複製したい場合、どうしたらよいだろうか？　がんばって、できるだけそっくりに描くという方法もあるが、ずれが生じてしまう恐れがある。

原稿と同じ文字や絵を写し取るにはトレーシングペーパーという、原稿が透けるくらい薄い紙を使ったり、あるいはカーボン紙を使ったりするという方法がある。しかし、何十枚も何百枚も写し取りたいときには、手書きは大変だ。そこで役に立つのがコピー機である。

1. 帯電ガンで描きたい部分に静電気を貯めていく。

2. 上からトナーを流し込んだが絵は現れなかった。

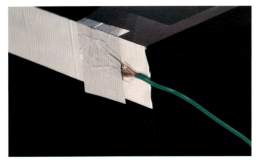

3. 余分な電気を逃すためにアルミホイルを貼る。

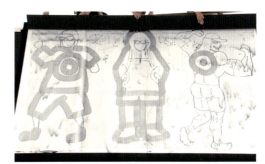

4. 今度はちゃんと絵が現れた！

コピー機もレーザープリンターも静電気を利用している

　コピー機は原稿の文字や画像を読み取り、その情報に合わせて紙に静電気を帯びさせ、そこに紙に帯びさせたのとは異なる種類に帯電させたトナーの細かい粉を付着させることで文字や絵を写し取っている。

　同じような仕組みで印刷するのがレーザープリンターだ。コピー機と違うのは原稿を読み取る代わりに、パソコンなどから文字や絵の情報を得る点だ。あとはコピー機と同じように、その情報に合わせて紙を帯電させ、トナーを付着させている。ちなみに、インクジェットプリンターの場合は、細かいインクの粒を直接紙に噴きつけることで印刷をするので、静電気は利用していない。

　今回の大実験では、静電気を起こす「帯電ガン」という道具を用いて大きな紙面に－の静電気を帯びさせて、そこに＋に帯電したトナーの粉末をかけることで絵を描こうとしていた。しかし、最初は紙面が過剰に帯電してしまったためにトナーが上手く付着せず、思い通りの絵を描くことができなかった。そこで、紙から不要な電気を逃がすために、電気を通しやすいアルミホイルを紙の裏に貼り付けた。すると、余分な電気を逃がすことができ、期待通りにトナーを付着させられて、絵を描くことに成功していた。

　この実験ではトナーの粉を紙に付着させただけなので、強くこするとトナーははがれてしまう。実際のコピー機やレーザープリンターでは、トナーを紙に付着させた後に熱を加えることでトナーを紙に定着させている。だからコピー機やレーザープリンターで印刷したての紙は熱いのだ。

生活に役立つ静電気

Column

　静電気というと厄介者の印象が強いかもしれない。しかし、静電気は身近なところで様々に役立ってもいる。

　例えば、ラップがお皿などの容器にピタッとくっつくのは静電気のおかげだし、空気清浄機は空気中の細かいチリやホコリを静電気でフィルターに引き寄せることで空気をきれいにしている。静電気を利用して細かなチリなどを集めるものは他にもある。はたきの中には、あえて静電気が起きやすい素材で作られたものがあり、細かい繊維1本1本に起きた静電気で、ほこりを引きつける。花粉の季節に活躍するマスクの中にも、同じように静電気によって花粉などを吸着するものがある。

　街中を走る色とりどりの自動車の製造過程でも静電気は活躍している。塗装の際に、自動車の車体を帯電させてから、異なる電気を帯びさせた塗料を吹き付けることでむらなく均一に色を塗ることができるのだ。このような塗装方法は、「静電塗装」と呼ばれている。

静電気を防ぐには……？

Column

　車の扉やドアノブなどに触れる際にパチッと放電が起こり、痛い思いをしたことがある人も多いだろう。静電気や放電を防ぐことはできないのだろうか？

　解決策としては、静電気をためないようにするという方法と、放電による痛みを最小限に抑えるという方法が考えられる。

　静電気は、異なる2つの物質の摩擦によって生じるので、なるべく同じ素材の服を重ね着すると衣服の摩擦による静電気は抑えられる。また、静電気は乾燥しているほど起こりやすいので、部屋を加湿したり、ハンドクリームなどで手を潤わせることでも静電気の発生をある程度抑えることが可能だ。それでもたまってしまった静電気は、木やコンクリートの壁などに触れることで逃がすことができる。

　また、放電が指先など小さな点に集中すると痛みを感じやすいので、金属製のカギなどをしっかり持って金属にさわったり、あるいは手のひら全体でドアノブを包み込むように持つだけでも痛みは緩和される。

小科学実験に挑戦！

静電気で空気を清浄に！

【用意するもの】
ペットボトル（凹凸のない炭酸用500ml）2本、線香3本、ストロー10本、ティッシュペーパー、ライター、灰皿、油性マジックなどペットボトルに印をつけられるもの

【実験のやり方】
1. ペットボトルを逆さまに持ち、線香の束に火をつけて煙を30秒くらい入れてフタを閉める。これを2本つくる。片方にストロー5本を入れる。もう1本には印をつける。
2. ストローをまとめて持ち、ティッシュペーパーでまんべんなくこすって静電気を起こす。
3. 印をつけたペットボトルに2のストローを入れ、素早くフタをする。
4. 2本を並べて、煙がどうなるか観察する。

右のペットボトルの煙が少なくなっていることがわかる

どうして？

ストローの表面にたまった静電気が煙の微粒子を引きつけるので、帯電したストローを入れた方のペットボトルは、みるみる煙が消えていきます。このような、静電気によって微粒子を吸着する仕組みは「静電フィルター」と呼ばれ、高機能のマスクや空気清浄機などに利用されています。

※火をつかう際は十分に注意しましょう！

実験16

みんなここに集まってくる

自然の中の規則的な形

　ミツバチの巣に見られる六角形を敷きつめた「ハニカム構造」、高千穂峡や東尋坊の「柱状節理」と呼ばれる規則的な岩の割れ目、カリフラワーの一種である、ロマネスコの「フラクタル」と呼ばれる自己相似的な形、オウムガイの断面の「対数螺旋」と呼ばれる曲線など、自然の中には美しい規則的な形があふれている。そんな形のひとつ、「パラボラ」にはどのような秘密が隠されているのだろうか？——答えは、やってみなくちゃわからない！

【仮説を立てる】
パラボラの形に隠された秘密は、ボールを使って明らかにできる？

望遠鏡や衛星放送の受信などに利用されるパラボラアンテナの形にはどんな秘密があるのか、ボールを使った実験で確かめられる？

【予備実験】
はねかえったすべてのボールが、ベルにあたる形がパラボラ！

天井から落としてはねかえったボールすべてをベルにあてることができる板の形を探ってみたら、パラボラであることが分かった。

【大実験】
パラボラ（放物面）を使うと、100個のボールが1点に集まった！

直径2mのパラボラにボールを落とすと、どこにどんなタイミングで落としてもボールをベルにあてることができた。

宇宙から届く信号をキャッチするパラボラアンテナ
投げたものが描く「放物線」

　天体望遠鏡や衛星放送の受信などに利用されているパラボラアンテナは、どれも同じような形をしている。今回はパラボラについて、詳しく見ていこう。

　噴水の水は、美しいカーブを描いて落ちてくる。野球のフライなど空中に放り出されたものも、みな噴水の水と同じ軌跡を描く。この軌跡を「放物線」と呼ぶ。

　さらに放物線を、対称軸を中心に回転させてできる立体を「放物面」という。パラボラアンテナの形は、放物面だ。身近なところを意識して見ると、放物線や放物面があちらこちらに隠れている。

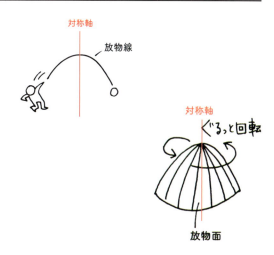

パラボラに平行光を当てると1点に集まる

パラボラに太陽光のような平行な光をあててみると、パラボラで反射した光が、ある1点に集まる様子が確認できる。この点に黒い紙を置くと熱せられて焦げることから、この点は「焦点」と呼ばれる。パラボラは、虫眼鏡のような凸レンズと同じように、平行な光を集めるはたらきを持っているのだ。

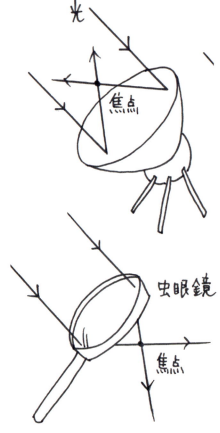

番組では、光の代わりにボールを使ってこのことを確かめていた。焦点の位置にベルを設置したところ、パラボラのどこにボールがあたっても、ボールを何個落としても、はねかえってベルに当たることが確かめられた。

この実験からも分かるように、パラボラが集めることができるのは光だけではない。光の仲間である電波はもちろん、音も集めることが可能だ。バードウォッチングや野生動物の調査などで活躍する集音器にもパラボラが取り入れられており、遠くの音を効率よく集めるのに役立っている。

集音器が音を集めるのに役立つのに対して、パラボラアンテナは、はるか遠くにある人工衛星からのわずかな電波をキャッチするための装置だ。アンテナ全体に当たった電波が集まる焦点に受信機を設置することで、電波を拾うことができる。パラボラアンテナを見つけたら、じっくり観察してみよう。アンテナからアームが伸びて、焦点部分に受信機が取り付けられている様子を確認することができるだろう。

ここで重要なのは、アンテナに平行に電波があたることである。そのため、パラボラアンテナを設置する際には、人工衛星がある方向に向けることが大切なのだ。だから、ベランダなどに設置されているパラボラアンテナをよく見ると、すべて同じ方角を向いていることがわかるだろう。

また、パラボラアンテナは人工衛星以外にも、宇宙の天体が発する弱い光や電波をキャッチして、宇宙に関する研究のデータを集めることにも役立っている。パラボラは、放物面に当たった光や電波を焦点に集めることができるので、大きいほどたくさんの光や電波を集めることができるのだ。そのため、研究に用いられるパラボラは家庭用の衛星放送のパラボラよりもずっと大きく、直径何メートルも、時には何十メートルもあるものが使われている。

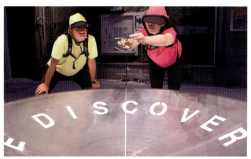

1．直径2mパラボラ装置。果たしてボールは一箇所に集まるのか？

2．さまざまな場所から垂直にボールを落としてみる。

3．どのボールも中央に設置されたベルに当たっているのがわかる。

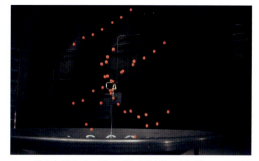

4．どのようなタイミングで落としてもボールは一箇所に集まる。

パラボラの焦点から電波を出すと……

　パラボラの使い道は受信機だけではない。受信のときとは逆にパラボラの焦点から光や電波、音などを出すと、パラボラで反射して平行に進むようになる。これを利用すれば、遠くまで信号を送る送信機としても使えるのだ。この原理を使えば、光源から四方八方に散らばってしまう光を平行光線に変えて、より遠くまで送ることのできるサーチライトを作ることも可能だ。光源から出る光のうち、パラボラに当たった分の光が平行光線になるので、大きなパラボラほどたくさんの光を送ることができるようになる。

　また、パラボラを2つ向かい合わせに設置すれば、片方の焦点から発した光や電波、音などの情報はそのパラボラで反射して平行に進み、もう一方のパラボラにあたると、その焦点に再び集めることができる。科学館などにはこの原理を使って、遠く離れた場所でも会話ができる実験装置が設置されていることがある。パラボラを使わなければ聞こえないようなささやき声でも、しっかりと遠く離れた相手の耳に届けることができる。

　このように、パラボラは送信・受信の両方に活用することができる。そして、パラボラの直径が大きいほど、より多くの信号を送受信することが可能になる。

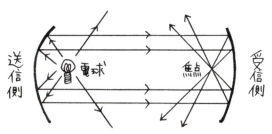

ALMA望遠鏡

Column

　17世紀初め、オランダの眼鏡職人が望遠鏡を発明したという話を聞きつけたガリレオは、望遠鏡を自作し、その望遠鏡を宇宙に向けた。そして神秘のベールに包まれていた宇宙の姿を科学的に解き明かしていった。その後も、ケプラーやニュートンなどが独自の工夫を凝らした望遠鏡を発明して宇宙の探究を続けてきた。

　天体望遠鏡は、大きければ大きいほど、はるか彼方にある天体からのかすかな光や電波でもとらえることができる。しかし、ある一定以上の大きさのものは、技術的な限界があって作ることができない。

　そこで、66台の天体望遠鏡を並べて、それらを連動させることでひとつの巨大な望遠鏡として使えるようにしたのが、チリにあるALMA（アルマ）望遠鏡だ。日本を含む22の国と地域が協力して運用している。この望遠鏡は、最大で直径16km、山手線の直径に匹敵する巨大望遠鏡として使える。これは、大阪に落ちている1円玉を東京から識別できるほどの分解能だ。

©ALMA (ESO_NAOJ_NRAO)

ソーラークッカー

Column

　世界の多くの国や地域では、薪や動物のフン、炭などを燃やして調理を行っており、そのための森林伐採や、薪を燃やした際に出る煙が人体に及ぼす悪影響などが深刻な問題となっている。いまだに世界の約半数の人々がそうした生活を送り、その結果ぜんそくや気管支炎などの病気が蔓延し、毎年多くの人々が命を失っている。WHO（世界保健機関）の調査によると、2015年の世界の死亡原因第4位は、そのような呼吸器に関する病気によるものだ。

　そこで、そうした地域で使える新しい調理方法として注目されているのが、ソーラークッカーだ。内側を鏡のようにしたパラボラは、太陽の光を効率よく焦点に集めることができる。その熱を利用して煮炊きをするのだ。これを使えば、燃料は不要であるから、これ以上森林を伐採しなくても済むし、ものを燃やさないので人体に有害な煙も発生しない。

　パラボラタイプ以外にも、箱型のものや、パネル型のものがあり、少しずつ普及し始めている。

melendrez/123RF

小科学実験に挑戦！

身近なパラボラ・放物線を探そう！

【パラボラ・放物線の例】

　集合住宅などのベランダを観察すると、パラボラアンテナが設置されているかもしれない。よく見てみると、すべてのアンテナが同じ方向を向いていることが分かるだろう。方位磁針などでその方角を確認してみよう。街中でほかのパラボラアンテナを見つけたら、方角を確かめてみよう。

　ほかにも、懐中電灯の中など色々なところにパラボラや放物線は隠れているので、探してみよう！

【発展】

1. 傘を斜めにさしてみると、傘が集音器の役割を果たして、遠くの音がよく聞こえることを確かめてみよう。
2. 傘を斜めにさしたら、キーレスの車のリモコンを傘に向けてオンにしてみよう。かなり離れたところからでも、車にシグナルを送ることができるはずだ。傘有りのときと、無しのときで、シグナルが届く距離にどのくらい変化が生じるか試してみよう。

　※傘の先や周囲に配慮し、安全に注意して行うこと！

実験17

ボールは戻ってくる？

みんなもとに戻ってくる……？

　空中へ投げ出したブーメラン、山に向かって「ヤッホー！」と叫んだ声、伸ばしたゴム、押し縮めたバネ、鏡に正面からあてた懐中電灯の光、目の前を通過したメリーゴーラウンドの馬、壁打ちしたテニスボール、主人が投げたボールを追いかけていった犬……これらはみんな、もとに戻ってくる。真上に投げ上げたボールも、やがて手元に戻ってくる。では、動いている車から真上に投げ上げたボールは、もとに戻ってくるのだろうか？　──答えは、やってみなくちゃわからない！

【仮説を立てる】
走っている車からボールを真上に打ち出したら、ボールは戻ってくる！？

止まってボールを真上に投げ上げたら元の位置に落ちてくる。走っている車からボールを真上に打ち出したら同じように戻ってくる？

【予備実験】
動く台車や電車の中で真上に投げ上げたボールは手元に戻ってくる！

台車に乗って横に動きながら真上に投げたボールも、走る電車の中で投げ上げたボールも山なりの形を描いて手元に戻ってきた。

【大実験】
ゆっくり走る車から高く投げ上げたボールは山なりの形を描いて戻ってきた！

時速50kmで走る車からボールを打ち上げると空気の影響を大きく受けたので、車の速さを遅くしていったらネットにボールが入った。

動いているものは、動きつづける
「慣性」＝「運動の状態を保つ性質」

　走る車から真上に投げ上げたボールが、元の場所に戻ってくるかどうかのカギを握っているのは「慣性」だ。どういうことか詳しく見てみよう。
　イギリスのニュートンは、『自然哲学の数学的諸原理』、通称『プリンキピア』という書物の中で、物体に力がはたらかない限り、物体は「運動の状態を保とうとする性質」すなわち「慣性」を持つことを示した。運動の状態を変えない、ということはつまり、力がはたらかないか、はたらく力がつり合っている限り止まっている物体は止まったまま、そして、動いている物体は、向きも速さも変えずに進み続ける（このような動きを「等速直線運動」と呼ぶ）ということだ。
　そもそも物体の運動については、古代ギリシアのアリストテレスが次のような考えを述べていた。「物体は力がはたらいている間だけ動き、力を取り去ると止まる。」しかし、この考えに対して新しい考え方を提唱したのが、ガリレオやデカルトといった人物である。彼らは、床の上を滑らせた物体がやがて静止するのは、摩擦力という力がはたらくためだと考え、アリストテレスの考えを否定したのだ。ニュートンはこうした考えを数学的に深め、慣性の法則としてまとめ上げた。

ものの見方は「相対的」

　物体の動きについて考えるときには、どの立場でその運動を見ているか、ということをきちんと踏まえることが大切である。今ここに、列車のホームで別れを惜しんでいる2人の人物がいたとしよう。発車ベルが鳴り、列車が動き出した。ホームから列車を見送っている人物から見れば、列車が進行方向に加速していくように見える。しかし、列車に乗っている人物から見ると、ホームが後ろ向きに加速して遠ざかっていくように見えるのだ。このように、同じ現象について、異なる見方が存在する。ホームにいる観測者のように、止まって運動を見ている人のことを「静止観測者」と呼ぶ。

　今度は、等速で走る電車の中でボールを真上に投げ上げるという動きについて考えてみよう。この運動についても、ホームから見る見方と、電車に乗って見る見方との2通りに分けて見てみることにする。

　まず、電車に乗っている観測者の立場でボールを見てみよう。あなたの前に座っている人物が、ボールをぽーんぽーんと真上に投げ上げている。電車内にいるあなたから見れば、ボールは真上に上がって、真下に落ちて来るように見えるはずだ。このような運動を「鉛直投射」と呼ぶ。

　では今度は、見方を変えてみよう。あなたは、ホームに静止して同じ運動を見る。考えやすくするために、特別な電車を用意してみよう。電車の本体は透明で、ボールの動きが余すところなく追えるものとする。電車内のボールは、慣性によって電車と同じ速度で進み続けるので、ホームからボールだけを見ていたら、ボールは上下に動きつつ、列車と共に横向きにも進んでいくように見えるはずだ。つまり、ボールは斜め上に上がって、斜め下に降りてくるように見えるのだ。このような運動を「斜方投射」と呼ぶ。

　まとめると、同じ運動が電車内の観測者にとっては「鉛直投射」、ホーム上の静止観測者にとっては「斜方投射」という異なる運動として捉えられるということだ。

　このような考え方は、さまざまな場面で必要になる。例えば直進する飛行機から地上に救援物資を投下する場合を考えてみよう。飛行機から荷物を見ると、どのタイミングで落としたとしても、荷物は常に飛行機の真下で落下する。しかし、地上で救援物資を待ちわびている人から見ると、投下された荷物は慣性で飛行機の進行方向に進みながら、落下してくるように見える。つまり、飛行機が自分たちの上空で荷物を投下したのでは、荷物ははるか前方へ行ってしまうことになるので、もっと手前で落としてもらわなければならないのだ。

1．電車に乗りながらボールを投げると山形を描きながら手元に戻ってくる。

2．今回はトラックに、ボールを25mまで上げる装置をのせて実験。

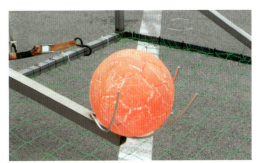

3．果たして、ちゃんとボールは戻ってくるのか？

4．風の影響を考慮すれば、きちんとボールは戻ってくることがわかった。

あなどれない風の影響

番組では、一定の速さで走っている車からボールを真上に打ち出した。このボールの動きを静止観測者が見ると、全体としては「斜方投射」として捉えられる。この動きを鉛直方向と水平方向に分けて見てみよう。まず、鉛直方向には、ボールはいったん上がってある高さに到達し、やがて下りてくる、いわゆる「鉛直投射」の動きをする。一方、水平方向の動きをみると、ボールは慣性によって車と同じ速さで「等速直線運動」を続けるように見える。つまり理論的には、ボールの水平方向の位置はいつでも、車から打ち出した点と等しい位置にあるはずなので、打ち出したボールを再び車がキャッチすることは簡単であるように思える。

ところが、実際に実験を行ったところボールは車の後方に落ちてしまい、なかなかキャッチできなかった。これは、打ち出されたボールに周りの空気が力を及ぼしたために、ボールが大きく減速してしまったからだ。慣性は「力がはたらかない／力がつりあっている」場合に成り立つ。つまり、空気がボールに力を及ぼすと成り立たなくなってしまう。空気は車にも力を及ぼすけれど、質量の大きな車はボールほど影響を受けないので、結果としてボールが後方に落ちてしまったのだ。だから、やってみなくちゃわからないのである。

エアーホッケー

Column

　床を滑らせた段ボール箱などがやがて止まるのは、段ボール箱と床の間に摩擦力がはたらくためだ。はじめに段ボール箱を押した力によって加速した段ボール箱は、手が離れた瞬間から、等速直線運動を始めようとする。しかし、摩擦力がブレーキとなって常にかかり続けることで徐々に減速するので、やがて止まってしまうのだ。

　摩擦力の影響をなくすためには、床と物体が触れないようにすればよい。つまり、物体を宙に浮かすことができれば、等速直線運動を続けることができるはずである。この原理を使ったゲームがエアーホッケーだ。盤上から空気を吹き出してパックを浮かせ、マレットと呼ばれる道具でパックを打ちあうゲームだ。マレットを離れたパックは摩擦の影響をほとんど受けることなく等速直線運動する。

　同じように浮上させることで摩擦の影響を少なくするものとして、ホバークラフトや浮上式のリニアモーターカーなどがある。

慣性から身を守るシートベルト

Column

　電車やバスに立って乗っているとき、動き出す際に後ろに倒れそうになったり、逆に止まる際に前のめりになったことはないだろうか？ この現象にも慣性が関わっている。発進前は、乗り物の中にいる人物も静止しているので、乗り物が動き出しても慣性によってその場にとどまろうとする。その結果、乗り物と接している足だけが前に進もうとして後ろに倒れそうになるのだ。乗り物が停止する際は、逆に足だけが止まろうとして、体は慣性で進み続けようとするために前のめりになってしまう。

　同じように、高速で走る車の中の人は、車と同じ速さで進み続けようとする慣性を持っている。だから、急ブレーキをかけると車は止まるが、乗車している人は慣性によって進み続けようとするため非常に危険だ。そこで、車と共に止まれるように守ってくれるのがシートベルトである。後部座席であってもシートベルトを忘れずに締めることで身を守ろう。

小科学実験に挑戦!

CDエアホッケー

【用意するもの】
いらなくなったCD、ビニールテープ、ガムテープ2つ

【実験のやり方】
1. CDの真ん中にビニールテープを二重に貼って穴をふさぐ。
2. すべすべのテーブルなどの上に1をフワッとのせて滑らせる。
3. ガムテープなどを使ってエアホッケーのように、CDを打ち合ってみる。

どうして?

CDの穴がふさがっていないとき、CDと机の間には少し空気の層ができますが、その空気はすぐに穴から逃げてしまいます。すると、CDが机とぴったり触れ、大きな摩擦力がはたらいてしまいます。一方、CDの穴をふさいだときには、空気の逃げ場がなくなり、CDが少し浮いた状態を保ちます。そのため、摩擦力の影響がほとんどなくなり、CDは滑らかに動くことができるのです。

※CDが止まってしまったら、一度持ち上げてフワッと置き直すと再び滑ります。

実験18

リンゴは動きたくない！？

もう「宴会芸」とは呼ばせない！

　小ぶりなテーブルにセッティングされたディナーセット。おもむろにその前に立った人物が、次の瞬間、目にもとまらぬ早業でテーブルクロスを引き抜く。するとテーブル上の食器は、何事もなかったかのようにその場にとどまり、会場からは拍手がわき起こる……そんなテーブルクロス引きの常識を覆すべく、新たな挑戦が行われた。およそ350枚の食器をセッティングした10m四方の巨大テーブルクロス引きはできるのか！？　──答えは、やってみなくちゃわからない！

【仮説を立てる】
テーブルクロスを大きくしても、テーブルクロス引きは可能ではないか？

テーブルクロスを素早く引き抜くことができれば、たとえサイズが大きくなったとしても成功させられるのではないだろうか？

【予備実験】
少し大きめのテーブルの場合、自転車を使って引っ張ると成功した！

自転車を使って時速27kmで引っ張ったらうまくいった。テーブルを大きくした分、速く引き抜かなければならないことが分かった。

【大実験】
自動車を使って時速140kmで引っ張り、見事巨大テーブルクロス引きに成功！

350枚の食器やリンゴをのせた10m四方のテーブルクロスを、時速140kmで一気に引き抜いたら、食器やリンゴはテーブルの上にとどまった。

食器をとどめているのは「慣性」
ニュートンが発見した「慣性」

どうしてテーブルクロスを素早く引き抜くと、テーブル上の食器はほとんど動かずにその場に残るのだろう？そのカギを握っているのは「慣性」だ。

ものはすべて、その時の運動の状態を保とうとする「慣性」という性質を持っている。「運動の状態を保つ」というと難しく聞こえるかもしれないが、要は「止まっているものは、止まったままでいようとする」ということだ。

そんなのあたりまえと思うだろうか？でも、それがあたりまえではなかった時代もあった。そんな時代に、ニュートンは、『自然哲学の数学的諸原理』、通称『プリンキピア』という本に、当時のあたりまえを覆す自然の法則についてまとめた。

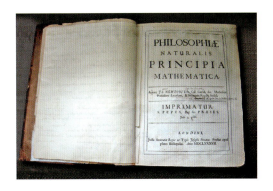

「慣性」vs「摩擦力」

テーブルの上にセッティングされた食器にも慣性があるので、何も力を加えなければ、その場にとどまろうとする。テーブルクロス引きを成功させるためには、できるだけ食器に力を加えないでおくことが必要になる。果たしてそのようなことは可能なのだろうか？

番組では、徐々にテーブルを大きくしていき、テーブルクロスを引き抜くために必要な条件を探っていた。テーブルが大きくなると、食器がテーブルクロスに引きずられて落ちてしまったのは、テーブルクロスと食器との間にはたらく「摩擦力」の仕業だ。

摩擦力というのは、物体が動こうとするときに接している面と面との間にはたらく抵抗力のことだ。例えば食器をのせたお盆を少しくらい傾けても平気なのは、お盆と食器との間にはたらく摩擦力が、食器が滑り落ちようとするのを妨げてくれるおかげである。

テーブルクロスをゆっくり引いた時には摩擦力の影響が大きく、食器はテーブルクロスと一緒に動こうとする。だから、テーブルクロス引きを成功させるためには、テーブルクロスを素早く引くことで摩擦の影響をできるだけ減らすことが重要だ。

ところが、テーブルが大きくなると人力で素早く引き抜くことができなくなってしまう。そこで番組では、自転車を使って引き抜くことにしたのだ。自転車を使って時速27kmの速さで引いたところ、大きなテーブルでも上手くいった。ここで、もうひとつ大切なポイントがある。それは、徐々にスピードを上げていくのではなく、「トップスピード」で一気に引き抜くということだ。そのために、自転車にロープをつなぎ、トップスピードになったときにロープがピンと張ってテーブルクロスを引き抜くようにしていた。

1辺が10mもある巨大テーブルクロスの場合には、時速140kmで引き抜く必要があったため、レーシングカーを使うことになった。さらに、トップスピードになった時に一気にテーブルクロスを引くために、180mのロープを用意して車につなげた。テーブルクロスを引き抜くときにロープに一気に負荷がかかるため、丈夫なロープが用意された。その結果、テーブル上の食器やリンゴはほとんど倒れることなく、テーブルクロスを引き抜くことに成功した。

今回の大実験を通して、巨大なテーブルクロスであっても、摩擦力の影響が小さくなるように十分に速く引き抜くことができれば、テーブルクロス引きは可能であることが明らかになった。

1．車がスタート。

2．180mのロープがどんどん引っ張られていく。

3．時速140kmに到達した瞬間、テーブルクロスが引かれた！

4．見事、大型テーブルクロス引きに成功した！

ニュートンがスリムに！？

　慣性の法則を見出したニュートンに敬意を表して、巨大テーブルクロスの上にセットされた食器は彼の肖像画になっていた。注意深く映像を見た人の中には、テーブルクロス引きの前後でニュートンの顔が変わったことに気づいた人がいるかもしれない。はじめはぽっちゃりしていたニュートンの顔が、テーブルクロス引きの後にはスリムになっている。いったいどうしてこんなことが起きたのだろう？

　大実験を行う前には、必ず予備実験が行われる。どんな素材のテーブルクロスがよいのか、どのような方法で引っ張るのがよいのか、などをひとつひとつ明らかにしていくのだ。その中で、引っ張る側に近いほど、つまりテーブルクロスが通過する時間が長いところに置かれた食器ほど、動く距離が大きいことがわかった。そこで、テーブルクロスを引き抜いた後にちょうどよい顔になるように、あえて顔を押しつぶして食器をセッティングしたのだ。

アイザック・ニュートン

だるま落しも「慣性の法則」 Column

　日本の伝統的なおもちゃ「だるま落し」も、慣性の法則を利用している。たくさんのブロックを積み重ねた上にだるまをのせ、木槌を使って下のブロックを打ち抜いていく。最後までだるまを転がさずにすべてのブロックを打ち抜くという遊びだ。

　だるま落しもテーブルクロス引き同様、摩擦の影響を小さくするために、いかにすばやくブロックを打ち抜けるかがポイントになる。うまくいくと、打ち抜いたブロックよりも上の部分が慣性でその場にとどまり、真下に落ちる様子が確かめられる。全国各地で巨大だるま落しの大会も行われている。今回の大実験と同じように、大きくなった分、より素早く打ち抜くことができるかが成功のカギになる。

　簡単にできる同じような遊びもある。コップの上にハガキやトランプをのせて、その真ん中にコインを置く。ハガキやトランプを素早く水平にはじきとばすと、コインが慣性でその場に残り、コップの中に落ちるのだ。

物体の動かしにくさを表す「質量」 Column

　慣性はすべてのものが持っているが、その大きさ、つまり「動かしにくさ」はものによって異なる。摩擦が無視できるほどツルツルの氷の上で10kgの鉄球と1kgのプラスチックの球を動かそうとすると、鉄球を動かす方が大変なのだ。このように、物体の動かしにくさを表すのが「質量」であり、〔kg〕という単位で表される。よく似た量に「重さ」がある。質量とは何が違うのだろう?

　月では、ものの重さが地球の約6分の1になるということを耳にしたことがあるかもしれない。しかし、月に行ったからといって、宇宙飛行士の体が6分の1に縮むわけではない。つまり、宇宙飛行士自体の量が変化するわけではない。変化するのは、天体に引かれる力、つまり重力である。「重さ」というのは、天体によって変化する「重力」のことであり、〔N〕:ニュートンという単位で表される。一方、質量はそのもの自体の量であり、どんな天体に行こうとも変化しないのだ。

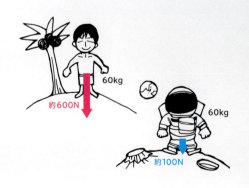

小科学実験に挑戦！

ボール in カップ

【用意するもの】
ボール4つ（ゴムボールなど）、紙コップ4つ、パンチ穴補強シール8枚、下敷き、テープ

【実験のやり方】
1. 下敷きの4カ所にシールを2枚ずつ重ねて貼る。
2. コップをシールの真下にセットしたら、机などにテープで固定する。
3. シールの上にボールをセットする。
4. 下敷きを素早く引き抜く。

 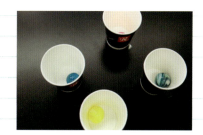

どうして？

下敷きを十分素早く引き抜くことができれば、ボールは慣性によってその場にとどまり、下のコップの中に落ちます。ボールの大きさや重さを変えると、何か変わるかどうか、色々なボールで試してみましょう。

実験19

救出！てこ大作戦

火事場の馬鹿力

　「火事場の馬鹿力」は存在する。車の下敷きになってしまった家族を助けるため数百kgもの車を素手で持ち上げたというような事例はいくつもある。我々の筋肉には普段はある一定以上の力が出せないようにブレーキがかかっているが、緊急事態には非常に大きな力を発揮できると考えられている。しかしブレーキを外してしまうと、その後筋肉に大きなダメージを受けてしまうことも分かっている。道具を使ったら大きな力を出せるだろうか？　——答えは、やってみなくちゃわからない！

【仮説を立てる】
てこを使えば巨大トレーラーでも、たった1人で持ち上げられる！？

1人の力では絶対に持ち上げられない巨大トレーラー。でも、てこの原理を使えば、たった1人でも持ち上げることができるのでは？

【予備実験】
てこの支点の位置を変えると、同じ力でも持ち上げられる重さが変わる！

てこの支点の位置をいろいろに変えてみたところ、人が座ったベンチを持ち上げるには、支点をベンチに近づければよいことが分かった。

【大実験】
てこの支点をトラックに近づけたら、たった1人でも持ち上げられた！

丈夫な21mの鉄の棒を利用して、支点までの長さの比が1:20のてこを作ったところ、重いトラックでも持ち上げられることがわかった。

小さな力で大きな力を得るためには……
てこの原理

　素手では持ち上げられない巨大なトラックも「てこ」を使えば動かせた。いったいなぜだろう？

　てこのしくみを考えるには、3つの点に注目して、それぞれの点にはたらく力について考えることが必要になる。

　まず一つめは、てこの回転軸を支えている「支点」、次に力を加える「力点」、最後に力がはたらく「作用点」の3点である。

　力点や作用点にはたらく力の大きさと、支点から力点・作用点までの距離を掛け合わせた値を「モーメント」と呼ぶ。モーメントは、どのくらい回転しようとするかを表す量である。

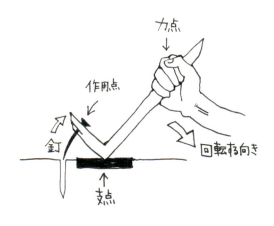

身近な道具には、てこがいっぱい

てこの原理は非常に古くから知られており、この原理を利用した道具は日常生活のいたるところに見受けられる。

代表的な例のひとつであるくぎ抜きは、てこであることが非常に分かりやすい道具だ。長い柄の先にある力点に小さな力を加えることで、短い柄ではさんだ釘に大きな力をかけることができる。一度打ちつけてしまった釘を素手で抜くことはとても難しいが、くぎ抜きを利用すれば簡単に引き抜くことが可能だ。

ドアのノブが扉の端についていることは、あたりまえ過ぎて気にとめたことはないかもしれない。しかしこれも、てこの原理を利用するためである。ドアの蝶番（支点）からできるだけ遠いところを力点にすることで、重たい扉でも小さな力で動かすことができるのだ。もし仮に、蝶番のすぐ近くにノブのついた扉があったとしたら、この扉を動かすのはとても大変だろう。

てこの原理は、大きな力を得たい場合だけでなく、小さな力が必要な場合にも役立てることができる。例えばピンセットは、くぎ抜きやドアとは反対に、力点を支点に近づけることで、作用点に及ぼす力を、力点に加えた力よりも小さくすることができる道具である。これによって、繊細な力加減で小さなものをつまみ上げることができるのだ。

公園にも、てこの原理を感じることができる遊具がある。親子でシーソーに乗る場合、支点から同じ距離に乗ってしまったら、親の方が下がったきり何も楽しいことは起こらない。そんなときには、てこの原理を考えてみればよい。親にかかる重力の方が大きいのであれば、その分支点からの距離を短くすればよい。つまり、親は支点の近くに乗り、子どもは支点から離れた場所に乗ればよいのだ。

ほかにも、はさみや缶ジュースのふた、バール、栓抜き、缶切り、目玉クリップ、シャベル、爪切りなど、てこの原理を利用した道具は枚挙に暇がない。それぞれの道具に、てこがどのように取り入れられているのかを考えてみるのも面白い。

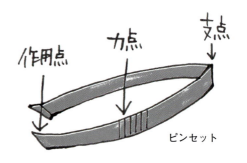

ピンセット

1．女性のスカーフがトラックの下敷きに……。

2．てこの原理を活用したが、素材の強度が足りなかったようだ。

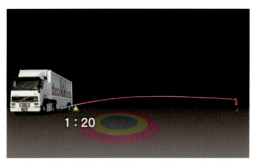
3．もっと丈夫なバーを用意し、支点から作用点までの距離を短くして見た。

4．すると、トラックを持ち上げることに成功し、無事にスカーフを抜きとることができた。

トラックを持ち上げるためには……

　まず、支点から力点・作用点までの距離が等しく L である場合を考えてみよう。この場合、時計回りのモーメントは **「トラックの重力×L」** となる。これを上回る反時計回りのモーメントを生じさせなければならないので、トラックの重力よりも大きな力を加えなければならず、ちっとも楽にならない。

　そこで支点をトラックに近づけ、支点から力点までの距離が、支点から作用点までの距離の20倍となるようにしてみよう。すると、時計回りのモーメントは **「トラックの重力×x」**、反時計回りのモーメントは **「加える力×20x」** となる。つまり、加える力はトラックの重力の20分の1でよいことになるのだ。

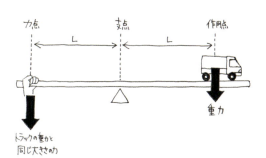

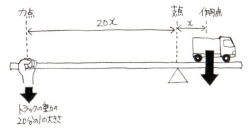

投槍器「アトラトル」

Column

　人間は昔から、道具を利用することで、素手よりもより大きな力を得たり、より速くものを動かしたりしてきた。てこはそうした工夫のひとつであり、様々な道具に応用されている。

　大昔の中央アメリカで使われた武器に、槍を投げるためのアトラトルという道具がある。アトラトルに槍をひっかけて勢いよく振り下ろすと、肩が支点、持ち手が力点、槍の端が作用点となる。すると、支点から作用点までの長さが、支点から力点までの長さよりも長くなる。これにより、素手で飛ばすよりも遠くに槍を投げることが可能になる。

　素手でのやり投げの世界記録は、約100 mであるが、アメリカで開催されているアトラトルの競技会では、130 m先の的に槍を命中させられることがしばしばあるという。

アルキメデスに支点を与えたら……？

Column

　古代ギリシアのアルキメデスは、様々な業績を残している。中でも浮力に関する「アルキメデスの原理」は有名だ。王冠に金以外の不純物が混入していないか、王冠を壊すことなく調べよと王に命じられたアルキメデスが、風呂に入っているときに浮力の着想を得て、「Eureka!（わかった!）」と叫びながら裸のまま町中を走り回ったというエピソードを耳にしたことがあるのではないだろうか。数学でも円周率を求めるなど、多くの研究成果を残している。

　そんなアルキメデスは、「てこの原理」についても、「我に支点を与えよ。されば地球をも動かさん。」という有名なセリフを残している。もちろん、実際にはアルキメデスが地球の外にいなければならないし、地球の重さに耐えられる丈夫なてこが必要になったりと、非現実的な話なのだが、どんなに重いものでも、てこを使いさえすれば動かせるということを表した名ゼリフである。

小科学実験に挑戦！

天秤を作って小さなものの重さを確かめてみよう

【用意するもの】
竹ひご、ラベルシール、ゼムクリップ、ティッシュペーパー、米粒など

【作り方】
1. 竹ひごの真ん中にラベルシールを貼り付け半分に折る。
2. 1のラベルシールにゼムクリップをさし、糸で吊るせるようにする。
3. 竹ひごの両端に別のラベルシールをほんの少しだけはりつけ、粘着面を残す。

【実験のやり方】
1. 米粒などの重さを量りたいものをシールの粘着面にはりつける。
2. 反対側のシールに分銅をつり合うまで貼り付けていく。
3. つり合った時の分銅の重さを計算する。

※ティッシュペーパー10組20枚の重さAをはかり、1枚のティッシュを100等分にカットすると、Aの2,000分の1の重さの分銅ができる。

どうして？

米粒のように、小さくて普段は重さを感じないようなものでも、天秤の傾きから重さがあることを実感することができます。中心のラベルシール（支点）からできるだけ遠いところにおもりをつけることで、より敏感な天秤にすることができます。

実験20

さわらずに球を動かせ

トリックショット

　撞球、すなわちビリヤードには、さまざまなトリックショットが存在する。球をジャンプさせる「ジャンプショット」、球にスピンをかけることで進行方向を曲げる「マッセ」、横一列に並べた球を次々にポケットへと打ち込む「マシンガンショット」などは、ほんの一例に過ぎない。そして、新たなトリックショットへの挑戦が行われた。縦一列に500個の球を並べたら、30 m以上先の球でも動かすことができるのだろうか？　──答えは、やってみなくちゃわからない！

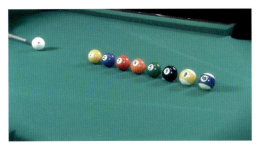

【仮説を立てる】
30mの長さにわたって並べた500個の球でも、ビリヤードができるのではないか？

ビリヤードでは、キューという棒で打った球の勢いを、ぶつけた別の球に伝える。球をたくさん並べたら、30m先まで勢いは伝わるか？

【予備実験】
たくさんの球は、すき間なく並べた方が最初の球の勢いがよく伝わる！

並べた球と球との間にすき間があると、勢いが弱くなってしまう。すき間がないようにくっつけて並べた方が勢いがよく伝わった。

【大実験】
600個以上の球をすき間なく並べれば、30m以上先まで球の勢いは伝えられる！

球の数が増えるほど勢いは伝わりにくくなるが、620個の球を35mにわたってすき間なく並べたところ、端の球を動かすことができた。

球が伝えたのは運動の勢いを表す「運動量」

一列に並べた球に別の球をぶつけると、列の最後の球が1つだけ飛び出す。これは、並んだ球が次々と運動量を伝えるためである。詳しく考えてみよう。

動いている物体の様子を表す量には、「速さ」や「運動エネルギー」などさまざまなものがあり、「運動量」もそのひとつである。運動量の大きさは具体的には**「質量×速さ」**で表すことができる。つまり、同じ速さで動いている場合には、質量が大きなものほど運動量が大きいし、同じ物体であれば、速く動いているときほど運動量が大きいということになる。

例として、ボウリングをイメージしてみよう。同じ速さでボールを転がすとしたら、ポンド数の大きいボールの方が勢いがある。一方、同じボールを転がすとしたら、速く転がした方が勢いがある。

ボウリングの例ではピンとこないという人は、遠くからチワワが全力で駆け寄ってくる様子をイメージしてみよう。あなたは難なくチワワを受け止めることができるだろう。では、同じ速さでサイが突進してきたら？ その勢いを受け止めることは非常に難しいので、即座に避難した方がよいだろう。

運動量は保存する

イギリスの自然哲学者ニュートンは、物体に力がはたらかない場合、その物体は運動の状態を保とうとする「慣性」という性質を持つことを明らかにした。これは裏を返せば、物体に力がはたらいた場合には、運動の状態が変化するということになる。具体的には、物体は力を受ければ受けるほど、その力の向きに加速をしていくことになる。

このことは簡単な実験で確かめられる。ストローに綿棒をこめて、吹いてみればよい（くれぐれも人や動物に向けないように！）。綿棒をストローの出口付近にこめて吹いた場合、綿棒は近くに落ちるが、吹き口の方にこめて吹くと綿棒は勢いよく飛び出し、遠くまで飛んでいく。これは綿棒が息によって押される時間が異なるためだ。出口近くにセットされた場合、綿棒には息による力はほとんど加わらないので、あまり加速せずにポロっと落ちてしまう。しかし、吹き口の近くにセットされた場合には、綿棒はストロー1本分移動する間ずっと息による力を受け続けるので、どんどん加速していき、最終的にとても速く飛び出すことになるのだ。

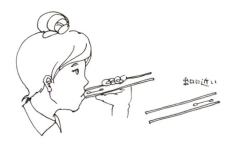

ここで、物体に加えられた力と、力を加え続けた時間をかけあわせた量を「力積」と呼ぶ。

力積＝物体に加えた力×力を加えた時間

大きな力積を受けるほど、物体の速さは増していく。つまり、質量と速さをかけ合わせた値：運動量も大きくなる。この力積と運動量の間には次のような関係がある。

力積＝力を受ける前後の運動量の変化量

これらを踏まえて、ビリヤードの球の衝突について考えてみることにしよう。球Aが転がっていき、球Bにぶつかったとする。すると、その衝突の結果、球Aも球Bも速さが変化した。このとき、球Aの運動については次のような式で表すことができる。

衝突前の球Aの運動量－失った力積
＝衝突後の球Aの運動量

同じようにして、球Bについても考えてみると次式のようになる。

衝突前の球Bの運動量＋得た力積
＝衝突後の球Bの運動量

この2つの式の左辺と右辺をそれぞれ足し合わせてみよう。球Aが失った力積と球Bが得た力積は等しいから、力積に関する項が消え、次式が得られる。

衝突前の球Aの運動量＋衝突前の球Bの運動量
＝衝突後の球Aの運動量＋衝突後の球Bの運動量

これはつまり、衝突の前後で2つの球の運動量の総和は保たれているということにほかならない。このように、外から力がはたらかない場合には、衝突の前後で運動量の総和は保存することを表したのが、「運動量保存の法則」だ。

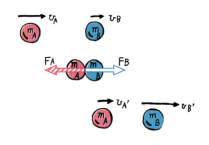

1．ビリヤードの球は、どんなに列を長くしても最後の球を動かすことができるのだろうか？

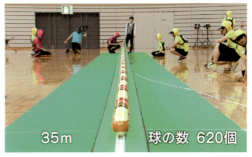

2．距離は35m、球の数を620個で実験してみることに。

3．力を込めて打ってはみたが、最後の球はびくともしない。

4．並べた球のすき間をぴったり詰めてから打ったら、実験に成功した！

すき間は大敵！

　番組では、なかなか最後の球が動かなかった。そこで原因を探ってみると、球の間にすき間がみつかった。すき間の影響について考えてみよう。

　1つ目の球をキューで突くと、球はその質量と速さに応じた運動量を持って転がっていく。この球1が列の先頭の球2にぶつかると、持っていた運動量を球2に力積として与えることになる。この衝突の前後で外から力は加わっていないとすると、運動量保存の法則によって「衝突前に球1が持っていた運動量」は「衝突後に球1と球2が持っている運動量の総和」と等しくなるはずである。

　しかし、実際には球2の先にはズラリと球が並んでいるために、球2は動くことができない。すると何が起きるのか？　球2は、球1から与えられた力積を隣の球3へ、球3は球4へ……と次々に伝えていき、最後の球620が「衝突前に球1が持っていた運動量」と等しい運動量をもって出ていく……というのが理想的な流れだ。しかし実際には、目に見えないほどわずかな変形が起きたり、わずかなすき間があったりして、その分だけ勢いが失われてしまう。そのため球620が飛び出す際に持っている運動量は、衝突前に球1が持っていた運動量より小さくなってしまうのだ。

　目に見えるほどの大きなすき間があいていた場合には、その部分で球が動き、新たな衝突をすることになるので、すき間がない場合よりもはるかに多くの運動量が失われていくことになる。その結果、球620まで運動量が伝わらず、球は転がり出なかったのだ。

ハンマーでたたいて異常を検知！
Column

音は、空気がギュッとよった状態（密な状態）と、スカスカな状態（疎な状態）が交互にくり返す「疎密波」として伝わっていくのだが、音を伝えるものは空気だけではない。音は液体中でも、固体中でも伝わる。そして、注目したいのは、音の伝わる速さは気体中よりも液体中の方が、そして液体中よりも固体中の方が速いということである。振動を伝えるもの（「媒質」という）が、ギュッとつまっている方が速く伝わるのだ。

そんな性質を利用して、線路や建造物の異常を検知するのが「打音検査」だ。線路やコンクリート壁などをハンマーで軽く叩き、音に耳をすます。ビリヤードの球の間にすき間があると、最初の球がもっていた勢いがうまく伝わらなかったように、鉄やコンクリートにすき間が生じているときには、異常なく詰まっているときほど振動がよく伝わらない。すると音の聞こえ方に差が出るため、目で見てもみつけられない異常を探し出すことができるのだ。

ゴムで衝撃を吸収！
Column

かたいものが衝突すると、あまり変形することもなく、衝撃はほぼそのまま伝わる。逆に、衝突したものが変形すれば、衝突の衝撃を吸収することができる。この性質を利用しているものの一つが振動吸収用のゴムである。

例えば、掃除機や洗濯機などのモーターをこのゴムで包むことで、運転時のモーター音を大幅にカットすることができる。同じように音の振動を吸収する目的で、工事現場などでも利用されている。

ほかにも、地震などによる揺れを吸収する目的で、例えば美術館や博物館の展示物を守っていたり、家庭でもテレビなどを守るのに利用されている。さらに大きなものでは、建物の下に衝撃吸収用のゴムを設置することも可能だ。日本橋の三越本店はゴムを利用した免震装置のおかげで、2011年の東日本大震災の際も大きな被害はなかったという。地下の食品売り場の一角がガラス窓になっており、免震装置を見ることができる。

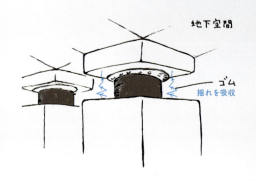

小科学実験に挑戦！

飛び出す10円玉

【用意するもの】
10円玉たくさん、下敷き（ものさしでも可）

【実験のやり方】
1. 下敷きに沿って10円玉を2つ並べる。
2. 下敷きに沿って10円玉1つをぶつけてみる。
3. 今度は2つぶつけてみる。
4. 今度は3つぶつけてみる。
5. 10円玉の数を増やしていろいろ試す。

どうして？

10円玉を1つぶつけたときは1つ飛び出し、2つぶつけたときは2つ飛び出します。ぶつける前に10円玉が持っていた運動量の総和と、ぶつけた後の運動量の総和は保存するので、ぶつけたのと同じ数の10円玉が飛び出すのです。大実験と同様に、並べた10円玉にすき間があると運動量が失われてしまうので、うまくいきません。
2本の糸で同じ大きさの金属の球をV字に吊るした「ニュートンのゆりかご」と呼ばれる装置もこれと同じ原理です。
※10円玉を並べる数や、ぶつける数を色々と変えてみましょう。
※配線カバーをレール代わりにし、その上に鉄球を並べても実験できます。

実験21

時速100kmの振り子

時速100kmを超えるものたち

　チーター、ハヤブサ、カジキ……生物の中には、自力で時速100kmに達することのできるものたちがいる。スポーツに目を向ければ、リュージュやボブスレーなど、時速100kmを超えることのできる競技がある。自動車や鉄道などの乗り物も時速100kmを超える高速で移動することができる。では、振り子はどうだろう？　エンジンも何も搭載していない、ワイヤーにおもりを吊るしただけの振り子で、時速100kmに達するなどということはできるのか？　――答えは、やってみなくちゃわからない！

【仮説を立てる】
巨大な振り子を使ったら、時速100kmの速さを出せるのではないか？

エンジンなどの動力を使わなくても、巨大な振り子を高いところから揺らしたら、最高速度が時速100kmを超えるのではないだろうか？

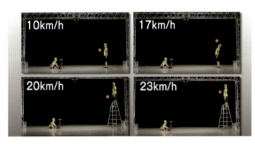

【予備実験】
振り子の速さは、おもりの重さにはよらず、おもりを放す位置で決まる！

おもりの重さを変えても、振り子の速さは変わらなかった。一方、おもりを放す位置を高くすると、振り子はどんどん速くなった！

【大実験】
鉄球を吊るした振り子を50mの高さから放したら、最高速度が時速100kmを超えた！

7.3kgの鉄球を50mの高さから放したが、空気に邪魔され時速95kmしか出なかった。そこでおもりを小さくしたら、最高速度は時速101kmだった！

振り子の速さを決める「位置エネルギー」
物体のもつ「エネルギー」

　振り子が揺れる速さのカギを握るのは、「位置エネルギー」というエネルギーだ。どういうことなのか、詳しく見てみよう。
　大きな岩を押して動かすとする。このとき岩に加えた力と動かした距離をかけあわせた値を、科学では「仕事（量）」と呼ぶ。さて、この岩は、勢いよく転がってきた別の岩がぶつかることでも同じように動くことがある。つまり、動いていた岩は止まるまでの間に、他の岩に力を及ぼして動かすことができた、言い換えれば「仕事をすることができた」ということになる。
　このとき、動いていた岩が持っていた「エネルギー」は、止まるまでにした仕事量で表すことができるので、次のように求めることができる。

エネルギー＝仕事量＝力×距離

いろいろなエネルギー

　動いている物体が持つエネルギーを「運動エネルギー」と呼ぶ。物体の質量が大きいほど、また、物体の速さが速いほど、運動エネルギーは大きくなる。ちょっとイメージしてみてほしい。向こうから3歳くらいの子どもが走ってきても、あなたは1、2歩後ろに動くかもしれないが、その子を受け止めることができるだろう。では、同じ速さで力士があなためがけて走ってきたとしたら……？　おそらく受け止めきれないのではないだろうか。同じ速さで走っていたとしても、質量の大きな力士の方がはるかに大きな「運動エネルギー」を持っているためである。

　一方、高いところにある物体も、落下して止まるまでに、例えば杭をある深さまで打ち込むことができる。つまり、ある距離だけ力を加えることができるので、エネルギーを持っていることになる。ある高さにある物体が持つエネルギーは、「位置エネルギー」と呼ぶ。物体の質量が大きいほど、また、高さが高いほど、位置エネルギーは大きくなる。

　この運動エネルギーと位置エネルギーを足し合わせた総和を「力学的エネルギー」と呼び、外から力が加わらない限り、運動の前後で力学的エネルギーは保存される。

　エネルギーは〔J〕：ジュールという単位で表される量である。運動エネルギーと位置エネルギーのほかにも、様々なエネルギーが存在し、それぞれのエネルギーは、互いに変換することができる。

　例えば、電気エネルギーというものがある。電池につないだモーターが回転するのは、電気エネルギーが運動エネルギーに変換していると考えられる。電気を流すと電球が光るのは、電気エネルギーが光エネルギーに変換したためである。一方、ホタルが光るのは、電気エネルギーによるものではなく、ホタルの体内で化学物質が化学反応を起こすからだ。この現象は、化学エネルギーから光エネルギーへの変換として捉えられる。そして、忘れてはならないのが熱エネルギーである。例えばIH調理器は、電気エネルギーを熱エネルギーに変換する装置である。

　このように、身の周りの様々な現象は、エネルギーの変換として捉える事ができるのだ。

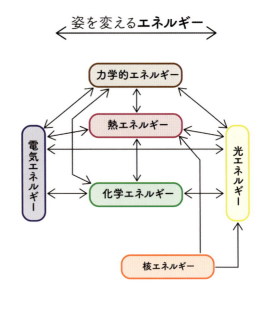

1．大型の球場を借り切って、振り子のスピード時速100kmにチャレンジ。

2．高さを変えて挑戦するも、時速100kmにはなかなか到達しない。

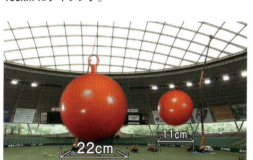

3．振り子のサイズを変えて再度チャレンジしてみることに。

4．最高速度、時速101kmに到達することに成功した！

振り子の力学的エネルギー

番組では、巨大な振り子をドームの天井近くから振って、時速100kmをめざしていた。この実験をエネルギーの観点から考えてみることにしよう。

振り子が高いところで静止しているとき、振り子の持つ力学的エネルギーは、位置エネルギーのみだ。この振り子を振って、最下点を通過する瞬間には位置エネルギーは0となり、力学的エネルギーは、すべて運動エネルギーに変換される。つまり、最初の振り子の位置が高ければ高いほど、最下点での速さは速くなることになる。

理論上は、最下点での速さが最大になるのだが、実際に大実験を行ったところ、最下点ではなく、その手前の地点で最高の速さを記録した。その速さは時速101km。これは、振り子の球やワイヤーと空気の摩擦力などによってエネルギーが失われたためだと考えられる。

力学的エネルギーが保存するのは、「外から力が加わらない」ときだが、実際には空気による摩擦力がはたらいてしまったというわけだ。

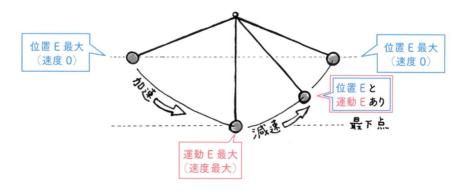

ジェットコースターでエネルギー変換を体感
Column

　遊園地のアトラクションでも、実に様々なエネルギー変換が行われている。ほとんどのアトラクションは、電気エネルギーを運動エネルギーや位置エネルギー、光のエネルギーなどに変換している。中でもジェットコースターはエネルギー変換が矢継ぎ早に行われるアトラクションのひとつだ。

　コースターは、はじめに電気エネルギーを使って高いところに持ち上げられる。こうして蓄えた位置エネルギーは、下降しながら運動エネルギーへと変換されていく。そのため、高さが低くなるほどコースターの速さは増していく。さらに、その運動エネルギーを位置エネルギーに変換して、高いところへ駆け上る。だからループの頂上での速さはとても遅くなる。このように、ジェットコースターでは力学的エネルギーの変換が行われ続けているのだ。実際には、コースターとレールとの間に摩擦力がはたらくため、力学的エネルギーは、摩擦熱として少しずつ減少していく。

エネルギーは太陽の恵み
Column

　我々が使用しているエネルギーのほとんどは、太陽から届いている。毎日口にする食べ物のうち、植物は太陽光による光合成の産物だし、肉や魚も直接にあるいは間接的にそうした植物のおかげで成長しているので太陽の恵みと言える。地球上を水が循環するのも、風が吹くのも、太陽光が海面や地表を温めてくれるおかげだ。

　現代社会は、多くのエネルギーを電気として利用しているので、主な発電方法に目を向けてみることにしよう。火力発電所の燃料は大昔の動植物なので、太陽の恵みだ。水力発電は、水が循環して川を流れるおかげで成り立つので、やはり太陽の恵みである。原子力発電所でも大量の水を使うので、これも太陽のおかげといえよう。

　このように、雨が降るのも、風が吹くのも、動植物が成長するのも、もとをたどると太陽から届くエネルギーに行きつく。そして、地球上でさまざまな形に変換されたエネルギーは最後は熱として冷たい宇宙空間へ放出される。

小科学実験に挑戦！

念力（？）振り子に挑戦！

【用意するもの】
割りばし、ビー玉3個、テグス、テープ

【天秤の作り方】
1. 割りばしの両端にテグスを貼りつけ、真ん中にビー玉を貼り付けて振り子をつくる。
2. 同様にして3種類の長さの振り子をつくる。

【実験のやり方】
1. 振り子の両端をつまんで持つ。
2. いちばん短い振り子に集中して細かくゆらす。ほかの振り子がゆれないよう注意する。
3. 振り子を止め、いちばん長い振り子に集中して、ゆったりゆらす。
4. 振り子を止め、まん中の振り子に集中して、ちょうどよいゆらし方を探す。

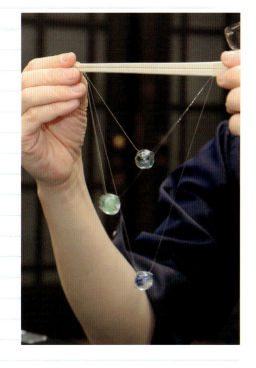

どうして？

選んだ振り子だけをゆらせましたか？振り子が1往復するのにかかる時間（周期）は、振り子の長さによって決まります。長い振り子の方がゆっくりゆれる性質をもっています。そこで、ゆらし方を調節すると、選んだ振り子だけをゆらすことができるのです。

実験22

高速で止まるボール！？

物事は「相対的」

　かのアインシュタインは次のような言葉を残している。「熱いストーブの上に1分間手をのせてみてください。まるで1時間くらいに感じられるでしょう。ところが、かわいい女の子と一緒に1時間座っていても、1分間くらいにしか感じられない。それが相対的というものです」と。アインシュタインが言うように、物事は「相対的」だ。見方を変えれば、時速100kmで動くボールも止まって見えるのかもしれない！？　──答えは、やってみなくちゃわからない！

【仮説を立てる】
時速100kmの車から時速100kmで打ち出したボールは、止まって見える？

時速100kmで走る車から、後ろ向きに時速100kmでボールを打ち出したら、ボールは止まって見えるのではないだろうか？

【予備実験】
見る人の動きによって、動いているものの速さは変わって見える！？

自転車に乗った人から歩いている人を見ると、後ろに戻っているように見える。でも止まった人から見れば2人とも前に進んでいる。

【大実験】
時速100kmで打ち出されたボールが、その場に止まって見える！？

時速100kmで走る車からボールを後ろ向きに時速100kmで打ち出すと、止まっている観測者からはボールがその場に止まって見えた。

自分の動きと相手の動きを考える
バトンタッチは並走するとうまくいく

物体の運動について考えるときには、観測者自身が止まっているのか、あるいは動いているのかを考えることが重要だ。詳しく見てみよう。

陸上競技のリレーは、走者が次々にバトンを受け渡していく競技だ。選手個人の走る速さもさることながら、いかにスムーズにバトンを受け渡すかが、勝敗を決める。テークオーバー・ゾーンと呼ばれる長さ20mの範囲を使って前の走者から次の走者へとバトンを渡すのだが、上手く渡すためにはコツがある。

もし次の走者が立ち止まったままだったら、そこにトップスピードで前の走者が走りこんできてバトンを渡そうとすると、2人のスピードは大きく異なるため、バトンの受け渡しはとても難しくなってしまう。しかし、次の走者が前の走者と並走すれば、2人のスピードの差はほとんどなくなるため、スムーズにバトンを渡すことができるのだ。

最初の例では、次の走者は静止して前の走者の動きを見ていたので「静止観測者」と呼ぶ。一方、後の例では、次の走者は自分も走りながら前の走者の動きを見ていたので、「運動している観測者」と言える。バトンタッチの例は、前の走者の速さが観測者によって変わって見えるということを示している。

観測者によって異なる「相対速度」

リレーの例のように、観測者によって異なって見える速度のことを「相対速度」と呼ぶ。相対速度について考える際には、観測者がどの立場から見ているのかを常に意識しなければならない。

静止観測者の場合、自分の動きは気にせずに相手の動きを見ることができる。例えば時速50kmで西に走る車の速度は、そのまま「西向きに時速50km」となる。

一方、観測者が動いている場合には、自分自身の動きも考慮に入れなければならなくなる。例えば、観測者も西向きに時速50kmで並走している場合、周りの景色を気にしなければ、相手は動いていないように見える。つまり相手の車の相対速度は「時速0km」となるのだ。

逆に、観測者が東向きに時速50kmで走っている場合には、相手は猛スピードで通り過ぎていくように見えるだろう。この場合、相手の相対速度は、「西向きに時速100km」として見えている。

このように、同じ車の動きであっても、静止観測者から見る場合、西向きに時速50kmで並走する観測者から見る場合、そして東向きに時速50kmで走る観測者から見る場合では、まったく違った動きに見えるのだ。

このことは、天体の動きを考える際にも関係してくる。例えば、地球は太陽の周りを1年かけて公転している。太陽からの平均の距離は約1億5,000万kmであることから、宇宙空間に静止観測者がいたとすると、地球は秒速約30kmもの速さでグングン移動している、と見ることになる。ところが、地球と一緒に移動している我々は、地球は動いていない、と観測することになる。

1．トラックの荷台に、ピッチングマシーンを設置。果たして、ボールは止まって見えるのだろうか？

2．トラックの速度が時速100kmに到達した。

3．ボールも時速100kmで発射！果たして！？

4．仮設の通り、止まって見えるボールの撮影に成功！

時速100kmの車から打ち出したボールの動き

　番組では、時速100kmで走る車から後ろ向きにボールを打ち出していた。静止観測者と、車と共に移動する観測者から見たボールの動きについて、3つの場合に分けてじっくりと見てみることにしよう。

1．ボールの速さ：時速110kmの場合

　車に乗っている観測者から見たボールの相対速度は、後ろ向きに時速210km。一方、静止観測者から見たボールの相対速度は、後ろ向きに時速10kmとなり、車に対して後ろ向きに進みながら落下していた。

2．ボールの速さ：時速90kmの場合

　車に乗っている観測者から見たボールの相対速度は、後ろ向きに時速190km。一方、静止観測者から見たボールの相対速度は、前向きに時速10kmとなり、車と同じ向きに進みながら落下していた。

3．ボールの速さ：時速100kmの場合

　車に乗っている観測者から見たボールの相対速度は、後ろ向きに時速200km。一方、静止観測者から見たボールの相対速度は、時速0kmとなり、その場で垂直に落下した。

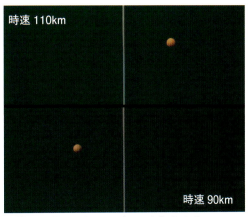

白線を通過したときにボールを打ち出す

空の上で給油 Column

　飛行機やヘリコプターが飛び続けることのできる時間は、積み込める燃料の量で決まってくる。小さな機体であるほど、搭載できる燃料の量には限りがある。自動車やオートバイで長距離を移動する場合には、途中のガソリンスタンドや水素ステーションなどで燃料を補給すればよいが、空の上ではそうはいかない。燃料を補充するためには、一度地上に降りなければならないのだ。

　そんな空の燃料問題には、「空中給油」というひとつの答えが導き出されている。燃料を搭載した空中給油機という特別な飛行機と、給油を受ける飛行機やヘリコプターをパイプでつなぎ、飛びながら燃料を補給する方法だ。空中給油を成功させるためには、給油する機体と給油される機体が同じ速さで飛び続けることで、距離を一定に保つ必要がある。そのため、高度な操縦技術が欠かせない。特に、ヘリコプターの場合には、プロペラがパイプを傷つけないよう細心の注意が必要だ。

相手の動きが分かりづらい田園型事故 Column

　見晴らしのよい田園地帯であるにもかかわらず、直前まで相手の車に気づかなかったために衝突事故が起こることがある。このような事故は「田園型事故」と呼ばれる。いったいなぜ、見晴らしがよいのに、このような事故が起こってしまうのだろうか？

　相手の車が自分の進む方向に対して直角に、同じくらいの速さで進んでいると、視野の中の位置がほとんど変わらず、徐々に大きくなっていくように見える。このような場合には、相手の車が動いて見えず、存在に気づきにくいために、こうした事故が起こると考えられる。

　田園型事故を防ぐには視線を正面に固定せず、こまめに動かすことが有効だ。

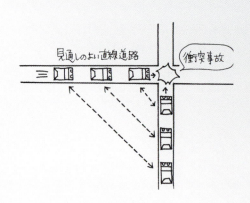

小科学実験に挑戦！

「相対速度バトンタッチ」に挑戦！

【用意するもの】
ラップの芯などバトンになるもの、走者2名（AとBとする）

【実験のやり方】

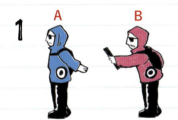

1. 静止しているAに静止しているBがバトンを渡す。

2. 静止しているAに、走ってきたBがバトンを渡す。

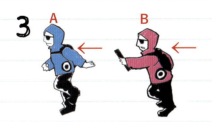

3. 走っているAに、同じ向きに走ってきたBがバトンを渡す。

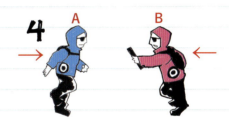

4. 走っているAに、逆向きに走ってきたBがバトンを渡す。

※安全に注意して、ゆっくりやりましょう！

どうして？

1と3の場合、Aに対するBの相対速度は0なので、簡単にバトンを渡すことができます。2の場合は、Aに対するBの相対速度はBの速さと同じだけになるので、渡すのは少し難しくなります。そして、4の場合には、Aに対するBの相対速度は、AとBの速さを足し合わせた速さになるため、バトンを渡すのは至難の業となるのです。

実験23

高速スピンの謎

芸術と科学

　古代の人々は、洞窟の壁に植物や鉱物を利用して絵を描いた。そこには、自然を観察するまなざしや、天然の絵の具を探し出す人々の工夫が見て取れる。中世の巨匠レオナルド・ダ・ヴィンチは、人間の骨格や筋肉のつき方を研究し、より写実的な人物の表現に成功した。ディズニーのアニメーターらも動物の骨格などをスケッチして、リアルな表現を追究していった。芸術と切っても切れない科学は、空中バレエにも隠れている？　――答えは、やってみなくちゃわからない！

【仮説を立てる】
回転半径を変化させると、回転を速くすることができるのではないか？

空中バレエでは、開いていた足を閉じるだけで回転が速くなる。空中バレエ以外でも、回転半径が小さいほど回転が速くなるのでは？

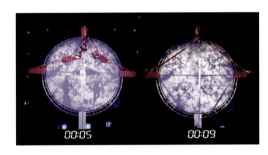

【予備実験】
2人の人が中心に集まると、回転が速くなることが確かめられた！

ゆっくり回っている板に乗った2人の人が板の中心に集まると、外から力を加えていないのに板の回転が速くなった。

【大実験】
同じタイミングで4人のパフォーマーが中心に集まると回転数が上がった！

4人のパフォーマーが、回転する装置のロープを上っていき中心に集まると、装置の回転する速さが1周9秒から5秒に加速した。

回転半径と回転速度の切っても切れない関係
回転半径が小さいほど速く回る

人々を魅了する空中バレエの華麗な演技にも、実は科学が隠れている。回転の速さをどうやって変えているのか、詳しく見てみよう。

空中バレエやフィギュアスケートの演技には「スピン」と呼ばれる回転技がある。パフォーマーがスピンする様子を見ていると、特に外から力を加えられたわけでもないのに、回転の速さが変化することがある。回転している様子をじっくり見てみると、パフォーマーがからだを大きく開いて回転しているときにはゆっくりと、そして、からだをキュッと縮めたときには速く回転していることに気づくだろう。つまり、回転の速さは回転半径の大きさで決まるのだ。

 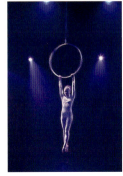

高速スピンの謎　139

円運動している物体の様子を表す「角運動量」

　ある物体が一定の速さで回転しているとき、その動きの様子を表す「角運動量」という量がある。よく似た言葉に「運動量」というものがあるので、まずはこの2つの違いについて考えてみることにしよう。

　摩擦の影響がないところでは、物体はエアホッケーのパックのように一定の速さで一直線上を進み続ける。このような運動を「等速直線運動」と呼ぶ。このとき、物体の運動の様子を表す量の一つが「運動量」で、その大きさは次の式のように求めることができる。

$$運動 = 質量 \times 速さ$$

　一方、円運動の場合には、速さが一定であっても向きは刻一刻と変化していくので、等速直線運動とは別の運動として考えなければならない。そこで登場するのが「角運動量」という量である。角運動量の大きさは、次のように求めることができる。

$$角運動量 = 物体の質量 \times 速さ \times 円の半径$$

　外から力を加えない限り、この角運動量は保存する。つまり、質量が変化しなければ、円の半径が半分になったら、速さが2倍になることになる。空中バレエでもフィギュアスケートでも、一度スピンが始まると、途中で外から力を加えてはいないし、パフォーマーの質量も変化しないので、角運動量は保存すると考えられる。だから、開いていた体をキュッと縮めることで回転半径を小さくすると、その分だけ回転の速さが増すのだ。フィギュアスケートの試合では、ジャンプの回転数が多いほど高得点を得ることができる。だからジャンプする場面をよく見てみると、選手たちが一度開いた体を縮めて素早く回転している様子が確認できる。

　この原理は、身近な道具を使った簡単な実験でも確かめることができる。ペットボトルに水を八分目くらいまで入れ、食器用洗剤を数滴垂らしてからふたをしっかりとしめる。これを逆さにして、ペットボトルの底部分が円を描くように振り回すと、ボトルの中に渦が生じる。その渦の回転をじっくり観察してみよう。渦の外側、つまり回転半径の大きい部分よりも、渦の内側、すなわち回転半径が小さい部分の方が速く渦巻いている様子がわかる。速さの違いが分かりにくい場合には、細かいビーズなどを入れると動きを捉えやすいだろう。また、ペットボトルは表面に凹凸がない炭酸用のものを選ぶと中の様子が見やすい。

　このような現象は、自然界でも見ることができる。台風もまた、回転半径の大きな外側よりも、回転半径の小さな中心付近の方が風速が速くなる。竜巻も同様だ。

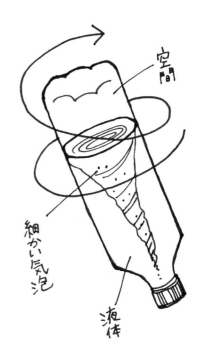

1．円形の輪をロープで釣り上げ、パフォーマーの位置で回転数を計ることができる特別な装置を制作。

2．この装置を一定のスピードで回転させながら、パフォーマーが上り、重心を中央に移動させる。

3．遠心力の影響で、なかなかペースが合わず、苦戦するパフォーマーたち。

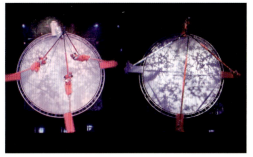

4．パフォーマーたちの奮闘で、中心によった場合の方が回転数が上がることがわかった。

4人のパフォーマーが中心に集まると……

番組では、回転する大きな円形の枠の外側にいた4人のパフォーマーがロープを上っていき、円の中心へと集まっていくことで、回転半径を小さくしていた。ここでポイントとなったのが、4人が同じペースで上るということだ。4人の上るペースが違うと重心が定まらず、バランスが崩れてしまう。パフォーマーたちは、枠を回転させずに練習していたときにはうまく上れていたにもかかわらず、いざ回転を始めるとなかなか思うように上れずに苦戦し始めた。彼らを苦しめていたのは「遠心力」である。

遠心力というのは、円運動する物体にはたらく見かけ上の力で、円の中心から外向きにはたらく。例えば、バケツに入れた水を振り回してもこぼれないのも、あるいは車が急カーブを曲がる際に体がカーブの外側に押しつけられるのも、遠心力によって説明される。

円運動しながらロープを上るパフォーマーたちは遠心力に抗いながら上らなければならず、回転しないときよりも大変だったのだ。さらに、遠心力の大きさは、以下の式によって表される。

$$遠心力 = 質量 \times 回転半径 \times 角速度^2$$

ここで登場する「角速度」というのは、1秒間でどのくらい回転するかを表す量で〔rad〕：ラジアンという単位で表される量だ。なお、360〔°〕＝2π〔rad〕である。ともあれ、ここで重要なのは、回転が速くなればなるほど、遠心力は角速度の2乗に比例してグングン大きくなっていくという点である。そんな遠心力にもめげず、パフォーマーらが奮闘した結果、装置全体が1回転するのにかかった時間は9秒から5秒へと縮むことがわかった。

惑星の動きの秘密

Column

　神聖ローマ帝国の宮廷数学官であったティコ・ブラーエは膨大な観測記録を残して世を去った。彼の死後、データを受け継いだケプラーは、そのたぐいまれな数学的センスによってデータを読み解き、惑星の運動に関して「ケプラーの法則」と呼ばれる3つの法則にまとめあげた。

　1つめは、惑星の軌道が太陽をひとつの焦点とする楕円であるというもの。惑星は太陽を中心とする完全な円軌道を描くというそれまでの考え方を覆すものであった。

　2つめは、惑星と太陽を結ぶ線分が一定の時間に描く面積は等しいというもので、「面積速度一定の法則」とも呼ばれている。つまり、楕円軌道を動く惑星の速さは、太陽に近いほど速くなり、太陽から遠いほどゆっくりになる、ということだ。この面積速度一定の法則は、角運動量保存の法則にほかならない。

　そして3つめは、惑星の公転軌道の周期の2乗と、楕円軌道の長半径の3乗が比例関係にある、というものである。

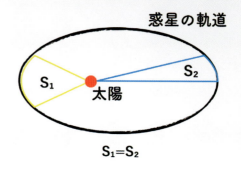

コマの回転

Column

　不倒独楽（ふとうごま）という、回転が止まっても倒れないコマもあるが、基本的にはコマは回転していないと姿勢を保つことができずに倒れてしまう。コマを回してじっくりと観察してみると、回転が速い最初のうちはコマはまっすぐに立ったまま回っているが、やがて回転が遅くなってくるとグラグラと首を振るような動きが加わり、ついには横倒しになってしまう。

　コマの姿勢が安定している間は、角運動量は一定に保たれるので回転を続けることができる。ところがコマが傾くと、角運動量に変化が生じ、もともとの回転軸とはことなる軸の周りの回転が生じてしまうのだ。この首を振るような動きを「歳差運動」と呼ぶ。

　また、自転車やコインなどを静止したまま立てることは難しいが、回転を生じさせると姿勢を保ちやすくなる。このような性質は「ジャイロ効果」と呼ばれ、角運動量が大きいほど姿勢は安定する。つまり、回転が速いほど倒れにくくなるのだ。

小科学実験に挑戦!

回転いすで角運動量保存を体感しよう!

【用意するもの】
回転いす、水を入れた2lのペットボトル2本

【実験のやり方】
1. 2lのペットボトルを両手に持ち、いすに座る。
2. 両手を広げたら、誰かにいすをゆっくり回してもらう。
3. ペットボトルを持つ手をからだに引き寄せる。

どうして?

はじめはゆっくり回転していたいすが、ペットボトルを持つ手をからだに引き寄せると速く回転します。これは回転半径が小さくなったためです。実験をうまく行うためには、回転軸にしっかりと重心がのるように座ることがポイントです。また、2lのペットボトルを持つのが大変な場合には、1lのペットボトルを使うとよいでしょう。

※はじめから回転が速いと危険です。はじめはゆっくり回しましょう。
※気分が悪くならないように、気をつけましょう。

実験24

大追跡！
巨大影の7時間

影を使った遊び

　影を使った遊びは色々ある。例えば、紙でできた人形や、動物をかたどった手の後方から光を当ててスクリーンに影を映し出す「影絵」は世界各地で行われてきた。晴れた日に地面に落ちた影をじっと見つめてからパッと青空を見上げると、白い影がぽっかりと浮かんで見える「影送り」をしたことはあるだろうか？　あるいは、鬼ごっこをしながら相手の影を踏む「影ふみ」という遊びもある。巨大なタワーの影ふみなんてできるのだろうか？　——答えは、やってみなくちゃわからない！

【仮説を立てる】
高さ106mのタワーの影は、太陽の動きに合わせて動くのでは？

タワーの影を1日追いかけたら、太陽の動きに合わせて動くはず。大きな足あとを使った影ふみで確かめられるのでは？

【予備実験】
ものの影は光と反対の方向にでき、光が動くとその影も動く！

模型とライトで試してみると、ものに光があたると影ができること、影は光とは反対側にでき、光が動くと影も動くことがわかった。

【大実験】
太陽が東から西に動くと、影は逆に西から東に向かって動いた！

長さ8mの足あとを使って30分ごとにタワーの影をふんでいくと、太陽の動きとは逆に西から東に向かって動くことが確かめられた。

太陽の日周運動
光源と反対側に影はできる

　太陽は朝東から上り、夕方西に沈む。この太陽の見かけの動きを「日周運動」と呼ぶ。今回は、影を追跡することで日周運動を実感してみよう。

　影とは、光が届かない部分のこと。影絵は、光源からの光を人形や手でさえぎることで影をつくり出している。光がなければ影はできないし、光をさえぎるものがなくても影はできない。そして、光源と物体と影の位置関係を考えてみると、光源→物体→影と一直線に並ぶことは簡単な実験でも確かめられる。例えば、机の上に湯呑を置いて、懐中電灯の光を当ててみると、湯呑の影は湯呑をはさんで光源の反対側に生じる。そして、光源を動かしてみると、その動きに合わせて影も移動することが確かめられる。

時間とともに変化する影

　小春日和の日に公園のベンチでひなたぼっこをしていて、ふと気づくといつの間にか日かげになっていた、などという経験はないだろうか。晴れた日に、ひなたと日かげの境い目を探して、10分間そこに立ってみよう。すると、みるみるうちに境い目が移動していく様子を確認することができるはずだ。これは、時間の経過とともに地球から見た太陽の位置が変化していくためである。

　地球は1日に1回自転しているため、北半球から見た太陽は毎朝東から上り、南の空を通って、夕方西に沈む。このような1日の天体の動きを日周運動という。つまり、地球上の物体は、1日をかけて移動する光源に照らされていることになる。そのため、物体の影も太陽の日周運動に合わせて移動していくのだ。影は光源とは逆側にできるので、朝は西側に伸びていた影が、昼は北側にでき、夕方には東側に伸びることになる。だから、晴れた日中であれば、時刻と影の向きからおおよその方角を知ることも可能だ。

　太陽は、正午近くには南の空にあり、1日の中で一番高い位置にある。ちょうど真南にくることを「南中」と呼び、そのときの時刻を「南中時刻」、そのときの太陽の高さを「南中高度」という。朝は東の空の低い位置にあった太陽は、時間の経過とともに高度を上げていき、昼には最も高い位置になり、そこから再び高度を下げ始めて夕方には西の空の低い位置に沈んでいく。この太陽の動きに呼応して、朝は西側に長く伸びていた影は、徐々に短くなっていき、南中時刻に最も短くなる。そして、そこから再び伸び始め、夕方には東側に長く伸びることになる。したがって、影ふみ遊びをするならば、朝か夕方がおすすめだ。南中時刻の影ふみは至難の業になってしまうからだ。

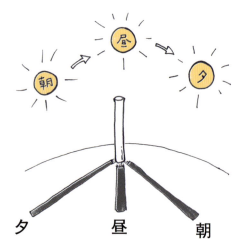

　日本では、山や建物などにさえぎられてしまうことが多いために、朝日といえどもある程度の高度になっていることがほとんどだろう。しかし、例えばモンゴルの平原のように、地平線が見えるような場所では朝日が本当に低い位置から上り始めるため、非常に長い影を見ることができる。

1. タワーでできる影の先端の位置に足跡を設置。

2. タワーの上からそれを監視し、時間ごとに記録していく。

3. 影が海に入ってしまったので、船も使って追跡。

4. 今回の実験で太陽と影の動きの関係性をわかりやすく描くことができた。

高さ106mのタワーの影ふみ

　番組では高さ106mのタワーの影を、長さ8mの大きな足あとを使って30分おきに追いかけて、影ふみに挑戦した。

　太陽が東から西に動くと、影は逆に西から東へと動いた。さらによく見ると、30分ごとに影が動いた距離や長さは時刻によって異なることも確かめられた。巨大な影ふみでは、朝や夕方の影は非常に長く、追いかけるのも一苦労だ。

　番組では1日の影の動きを追っていたが、太陽の日周運動は季節でも変化する。「秋の日はつるべ落とし」という言葉は、季節による日周運動の変化を見事に捉えた表現の一つだ。夏にはなかなか沈まない太陽が、秋になるとあっという間に沈んでしまう。こうした変化が起こるのは、地球の自転軸が太陽の周りを回る公転面に対して傾いているためだ。昼とは、太陽の光が届いている部分で、夜とは影の部分である。自転軸が傾いていなければ1年中、1日の半分が昼で半分が夜になるのだが、実際には自転軸が傾いているために夏は昼が長く、冬は昼が短くなる。北極や南極付近ではこのような季節変化が顕著で、まったく日が沈まない「白夜」といわれる現象や、逆にまったく日が上らない「極夜」という現象が起こる。

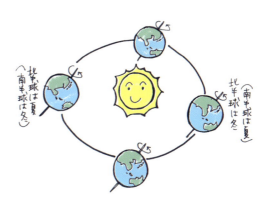

影が時を告げる日時計 Column

太陽による影が、太陽の動きに合わせて、刻一刻と移動していくことは古くから知られていた。紀元前3000年よりも以前から、既に日時計が作られていたと考えられている。日時計は、晴れた日の昼間にしか使えないが、特別な動力源も要らず、高価で精密な装置も不要なため、世界各地で広く用いられてきた。

例えば琉球王国の首里城には、「日影台（にちえいだい）」という日時計が設置されている。琉球の人々は、この日影台でおおまかな時刻を知り、より詳細な時間は「漏刻（ろうこく）」という水時計を用いて調べていたようだ。また、太陽の動きは季節によって変化するので、より正確な時刻を知るために二十四節気に応じた時刻板に取り替えて使用していた。

1枚の時刻板を使い続けるには、季節に応じた補正が必要になる。そこで、補正用の「均時差表」が添付されている日時計もある。

江戸時代には携帯用の日時計も普及し、旅人らが大まかな時刻を知ることができた。

月の満ち欠けを愛でる Column

昔から日本では、様々に姿を変える月に名前をつけて、その姿を愛でてきた。「立待月」や「寝待月」といった名前からは、月を待ち望んでいた人々の姿がうかがえる。

「新月」月の満ち欠けによる太陰暦で、第1日にあたる。
「三日月」新月から3日目の細長い月。日没後に西の空に見える。
「上弦の月」新月から7～8日目ころの半月。沈む際に上が弦になる。
「九日月」新月から9日目の月。
「十三夜の月」のちの月とも呼ばれる。新月から13日目の月。
「小望月」新月から14日目の月。満月からわずかに欠けている。
「十五夜の月」満月、望月などとも呼ばれる。月の全面が輝いている。
「十六夜の月」満月より遅く、ためらうように出てくる。
「立待月」17日目。月が出てくるのが遅くなり、立って待つことから。
「居待月」18日目。月の出がより遅くなり、座って待つことから。
「寝待月」19日目。月の出がさらに遅くなり、寝ながら待つことから。
「更待月」20日目。更に待つと出てくることから。
「下弦の月」22～23日目の半月。沈む際に下が弦になる。

小科学実験に挑戦！

日時計を作ろう！

【用意するもの】
型紙（p.158をコピーして使う）、CDケース、タコ糸、テープ

【作り方】
1. 型紙を切り取り、CDケースに貼り付ける。
2. タコ糸を貼り付ける。

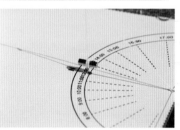

【用意するもの】
1. 晴れた日の昼間に方角を調べて、Nと書かれている方を北にむけて日時計をセットする。
2. 時間とともに、太陽の位置が動いていく様子を観察する。

どうして？

タコ糸の影は太陽とは反対側に生じます。時間の経過とともに太陽の位置が動いていくと、それにともなって影の位置も変化していくので、おおまかな時刻を知ることができます。

実験25

手作り電池カー

レモンの新たな可能性！？

　檸檬。ミカン科に属する柑橘類の一種で、ビタミンCを豊富に含む果物。日本では広島県をはじめとする瀬戸内地域を中心に栽培されている。高村光太郎は、彼の作品「レモン哀歌」の中で、死の床についていた妻、智恵子の「きれいな歯」がレモンをかじると「トパアズいろの香気が立つ」と表現した。そんなレモンの新たな可能性を探る実験が行われた。レモンジュースで車を走らせることなんてできるのだろうか？　──答えは、やってみなくちゃわからない！

【仮説を立てる】

マグネシウム板と銅板とレモンで作った電池で車を動かすことができる！？

マグネシウム板と銅板をそれぞれレモンにさすと電池ができる。この電池を使えば、人が乗った車でも動かせるのでは？

【予備実験】

レモンジュースを使った電池をつないだら、たくさんの電気が流れた！

生のレモンのかわりにレモンジュースを使った電池を10個、導線でつないだら、おもちゃの車を動かすことができた。

【大実験】

1,400個のレモン電池を使ったら、人を乗せた車が380m走った！

銅板とマグネシウム板で作った電池を1,400個つなぎ、30lのレモンジュースを注いだら、人を乗せた100kgを超える車が走った！

物質に蓄えられたエネルギーを取り出す「電池」
電気の研究は静電気から始まった

　好きな時に電気を使うことのできる電池、実は物質の中に蓄えられているエネルギーを取り出している。どういうことなのか、詳しく見てみよう。

　電気の発見は古代ギリシアにまでさかのぼる。タレスという人物が、毛皮でこすった琥珀が、ほこりなどをひきつける現象を発見したと言われている。電気を表す英語の"Electricity"の語源がギリシア語の「琥珀」という言葉に由来するのは、このためだ。

　以来、2種類の異なる物質をこすり合わせると静電気が発生するということが知られるようになり、さまざまな物質の組み合わせが研究されていった。その後、「ライデン瓶」という静電気を蓄えるための装置が開発され、この装置にためた静電気を用いて電気の研究は進められていった。

　1752年には、アメリカのフランクリンという人物が、今考えれば命がけの勇敢な実験を行った。彼は雷雲の中に、針金をとりつけた凧を上げて、雷をライデン瓶にため、雷の正体が電気であることを突き止めたのだ。しかし、この時点、つまり18世紀半ばに至っても、依然として長時間安定して電流を得られる装置は存在しなかったことになる。そんな時代に、世間をあっと言わせる発見をした人物がいた。

「動物電気」から電池の発明まで

　1780年、イタリアのガルヴァーニは、死んだカエルのあしに2種類の異なる金属を接触させると、あしがピクピク動くことに気づいた。ガルヴァーニはカエルの筋肉に電気が蓄えられていたためだと考え、これを「動物電気」と呼ぶことにした。（発見者にちなんで「ガルヴァーニ電気」と呼ばれることもある。）

　この発見は世間を驚かせ、イギリスの作家メアリー・シェリーは『フランケンシュタイン』の着想を得ることになる。しかし実際には、電気はカエルの足に蓄えられていたわけではなかった。では、電気はいったいどこからきたのだろう？

　イタリアのボルタは、ガルヴァーニの発見をもとに実験を重ね、電気を取り出すカギになるのは、カエルのあしではなく、2種類の金属にあることに気づいた。1799年には、銅板と亜鉛板の間に食塩水でしめらせた布を挟むことで電気が取り出せることを発見し、これを何層にも重ねることで大きな電流が得られる装置をつくり出した。これが電池の始まりだ。ボルタはこの成果をまとめ、「異種の伝導物質の単なる接触により生じる電気について」という論文を発表している。「単なる接触」というフレーズに、動物電気に真っ向から立ち向かうボルタの信念が垣間見えるようである。

　それまでの、静電気を蓄えたライデン瓶とは異なり、電池は、安定して長時間大きな電流をえることを可能にした。これは電気の研究において大変画期的なことであり、1801年には、時のフランス皇帝ナポレオンがボルタを招き、電池の実験を見学したほどであった。そして、ここから電気の研究は加速度的に進んでいくこととなる。こうした業績を残したボルタは、電圧の単位〔V〕：ボルトにその名を残している。

　その後、さまざまな電池が開発されていくこととなる。持ち運びをしやすい「乾電池」や、何度も充電・放電をくり返すことのできる「充電池」、水素などから電気を得ることができる「燃料電池」などである。こうした電池は化学反応を利用して物質から電気を取り出す「化学電池」に分類される。一方、「太陽電池」は、物理現象を利用して光のエネルギーを直接電気に変換するため「物理電池」と呼ばれる。

身近にあるさまざまな種類の電池

1. 1,400個のレモン電池を搭載した手作り電池カーを制作。

2. 今回の実験のレーサーは体重25kgの彼だ。

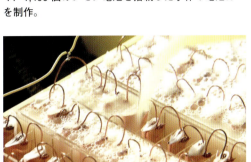

3. レモン電池に30lのレモンジュースを注いでいく。

4. 200mの走破に成功！

電池の中で起こる化学変化

電池に用いる2種類の金属を「電極」、食塩水のように電気を通す液体を「電解液」と呼ぶ。電極は、電池の＋となる「＋極（陽極）」と、－となる「－極（陰極）」の2種類に分けられる。2つの電極ではどのような化学変化が起きているのだろう？

電池を回路につなぐと、－の電気を帯びた「電子」が－極から＋極へと動く。つまり電池の－極では電子を放出する化学変化が、＋極では電子を受け取る化学変化が起こっているのだ。

原子はもともと電気を帯びていないが、電子を失ったり、受け取ったりすると＋や－の電気を帯び、「イオン」と呼ばれる状態となる。

電子を失いやすいか、あるいはもらいやすいかは原子の種類により、その傾向を「イオン化傾向」と呼ぶ。化学電池の場合、イオン化傾向が大きな金属ほど－極になりやすく、イオン化傾向が小さな金属ほど＋極になりやすい。

番組では、銅板とマグネシウム板を使っていた。イオン化傾向はマグネシウムの方が大きいため、こちらが－極となる。マグネシウム原子はレモンジュースという電解液の中でマグネシウムイオンとなり、電子を2つ放出する。

$$Mg \rightarrow Mg^{2+} + 電子2つ$$

一方の＋極では、電解液中の水素イオンが電子を2つ受け取り、水素の気体が発生する。

$$2H^+ + 電子2つ \rightarrow H_2$$

このような反応が起きているので、この電池を使い続けると水素が発生し続け、やがてマグネシウム板はボロボロになってしまう。

動物と電気
Column

　ガルヴァーニの考えた「動物電気」は、その後ボルタによって否定されてしまったが、実際に電気を生み出すことのできる動物は存在する。

　例えば、アマゾン川に生息するデンキウナギが有名だ。デンキウナギは、筋肉細胞が変化した「発電板」という組織を持っており、ひとつの発電板で約0.15Vの電気を発することができる。体長の約8割ほどをこの発電板が占めており、その数は数千個にも及ぶ。そのため、1つの発電板による発電量はわずかだが、デンキウナギ全体としては、600～800V、1Aもの電気を生み出すことができるのだ。ほかにも、アフリカに生息するデンキナマズや、世界各地にいるシビレエイの仲間など電気を発することのできる生物は数多く存在する。

　実は、こうした特殊な生物だけでなく、ヒトの体内でも電気が生み出され、体中を駆け巡っている。今ではそうした体をめぐる電気の研究を行う「電気生理学」という学問分野も確立している。

江戸時代の「エレキテル」
Column

　欧米での電気をめぐる研究の成果は、鎖国中であった江戸時代の日本にもオランダを通して伝わってきていた。蘭学者、橋本宗吉が記した『阿蘭陀始制エレキテル究理原』では、「百人おどし」が紹介されている。寺子屋に集った大勢の子供達が手をつないで輪になり、静電気をためたライデン瓶に触る様子が描かれた図とともに、百人おどしについての説明がなされている。

　また、平賀源内は静電気を発生させて、それをライデン瓶にためることができる摩擦起電器「エレキテル」を入手し、それを真似て自作した。この名称は、オランダ語で電気を意味する"elektriciteit"に由来し、平賀源内は「ゐれきせゑりていと」と表記していた。平賀源内が作ったエレキテルは、現在は国の重要文化財に指定されており、墨田区の郵政博物館に収蔵されている。

　江戸時代には実用面よりも、もっぱら見世物として注目を集めた電気が本格的に利用されるのは、明治時代に入ってからのことになる。

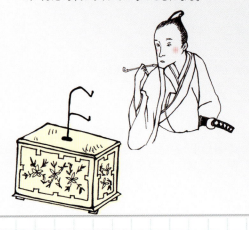

小科学実験に挑戦！

スプーン電池

【用意するもの】
ステンレスのスプーン7本、アルミホイル（10cm四方）7枚、キッチンペーパー7枚、ゼムクリップ6個、塩の飽和溶液、赤色LED

【実験のやり方】
1. キッチンペーパーを塩水に浸して広げ、柄の部分まで少しはみ出すようにスプーンに巻く。
2. 2の上からアルミホイルを巻く。余る部分はスプーンの柄とは反対側にはみ出させて細い角をつくる。
3. 1、2と同様にして7セットつくる。
4. アルミホイルの角を、次のスプーンの柄にひっかけ、クリップでとめる。これをくり返して7セットすべてをつなぐ。
5. 余った角とスプーンの柄にLEDをつなぐ。

どうして？

アルミとステンレスという異なる2つの金属の間に、食塩水という電解液があることで電池になります。1セットではLEDを点灯させるほどの電気を得ることができないので、スプーン電池を7セットつなぎました。
※LEDがつかない場合は、LEDの向きを逆にしてみましょう。

おわりに

　本書『大科学実験ノート』は、NHKエデュケーショナル制作・著作の科学教育番組『大科学実験』の中で行われている実験について、その背景となる物理学をはじめとする科学の原理や現象を解説するとともに、実験がどのように分野に応用可能か考察できるようになることを目標として執筆されたものです。
　『大科学実験』(www.daikagaku.jp/)は、10分間の映像を放送するテレビ番組ですが、実験に使用されている装置や設備は、一般には容易に準備できるものではなく、実験手法も非常にユニークなものが採用されています。さらに、登場人物である実験レンジャーたちにより行われる実験は、必ずしも計画通りに進むわけではなく、いろいろな問題点にぶつかり、試行錯誤の末に成功するというプロセスが示されているのも貴重な点です。

　一般には、この映像を見たのちには、「おもしろい」というのが大多数の人の感想と考えられます。一方で、「おもしろい」という「感想」をスタート地点として、「なぜ、そうなるのか」という探求的な「問い」を立て、現象から導かれた原理を学び、これを「理解」することにつなげることができれば、「学び」が成立すると考えられます。さらに、自分の生活や身の回りの科学技術との関連に気付くことができるようになれば、日常の様々な事象に対して、実際に活用できる知識として身に付いたといえます。本書は、読者にとって、このような学びのプロセスの一助になるものと考えられます。
　『大科学実験』で取り上げられた実験は、主に物理現象に関連したものが多いです。物理学は、現代の社会を支えている高度に発達

した科学技術の基礎を成してきた学問であり、自然界で生じるあらゆる現象は普遍的な法則に基づいていると考えています。実際に生じる物理現象とその特性について、物質とその間にはたらく相互作用という観点から理解することをひとつの目的としています。さらに物質をより基本的な要素に細分化して理解することも、その目的としています。日常生活において、我々は科学や技術が高度に進歩したことの恩恵を受けているのは明らかです。科学的な知識や論理性に基づいたものの見方や考え方の重要性を認識することは、現代社会を生きる我々の基本的な素養のひとつであるといえます。また、2000年ごろから米国を中心に、STEM（Science, Technology, Engineering and Mathematics）教育と呼ばれる科学技術教育の推進が、進められています。このSTEMの各分野に関する知識は、将来のイノベーションの原点になることが期待され、わが国でも、STEM教育への関心が高まっています。

このように、いわゆる理系という分野に限らず、物理学をはじめとした科学に関する知識の習得に本書が役立つことを望んでいます。

本書の出版にあたり、多大なご支援とご協力をいただいたNHKエデュケーショナルの松本正則氏、鈴木晴之氏、共著者の原口智氏、原口るみ氏に深く感謝いたします。

福岡大学
理学部 物理科学科 教授
寺田 貢

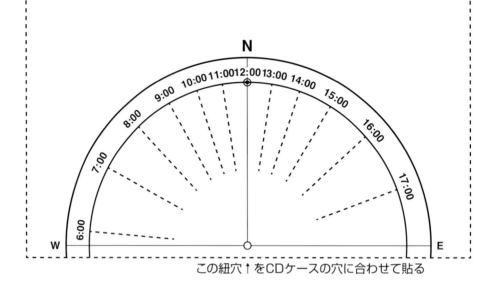

大科学実験ノート

2018年（平成30年）3月19日 初版発行

著　　　者　寺田貢／原口智・るみ（ガリレオ工房）
監　　　修　株式会社NHKエデュケーショナル
発　行　者　佐々木秀樹
発　行　所　日本文教出版株式会社
　　　　　　http://www.nichibun-g.co.jp/
　　　　　　〒558-0041 大阪市住吉区南住吉4-7-5　TEL: 06-6692-1261

編集協力　浦田航介／吉田昂平（株式会社 token）
デザイン　西田草介（kakeru design）
印刷・製本　株式会社木元省美堂

©2018 Mitsugu Terada/Satoshi Haraguchi/Rumi Haraguchi　Printed in Japan
ISBN978-4-536-60101-6

定価はカバーに表示してあります。　本書の無断転載・複製を禁じます。
乱丁・落丁本は購入書店を明記の上、小社大阪本社業務部（TEL:06-6695-1771）あてに
お送りください。送料小社負担にてお取り替えいたします。

撮影：山中南美／モデル：木村夏子／イラスト：西田未来